14歳の世渡り術
WORLDLY WISDOM FOR 14 YEARS OLD

恋《こい》って何ですか?

27人がすすめる恋と愛の本

河出書房新社

恋って何ですか？——27人がすすめる恋と愛の本　もくじ

I

II

七つの恋の結末 85

紹介する書籍中、電子書籍版のあるものには◆を付しました。

I

恋って何ですか?

WORLDLY WISDOM
FOR 14 YEARS OLD

宇宙でいちばん小さな世界

文筆家・写真家
蒼井《あおい》ブルー

これまでに数冊の本を出させていただいている。恋愛《れんあい》を題材としているものが多い。なので、「好きな人に会いたくなりました」や「また恋がしたくなりました」というような感想をいただくと胸がいっぱいになる。書いてよかったと心から思える。

読む側としても恋愛ものが好きだ。登場人物たちのあいだに恋愛要素が絡《から》みはじめると、面白くなってきたな、と思う。この先、彼《かれ》らの関係はどう進展してゆくのだろうと、ページをめくる速度が上がる。この胸のうちと同じように、指先も物語を楽しむのだ。

「ジョゼと虎《とら》と魚たち」◆
(『ジョゼと虎と魚たち』所収)
田辺聖子
角川文庫

しかし、自ら進んでそれを手に取るようになったのは年齢《ねんれい》を重ねるにつれてである。十代のころはSFやファンタジー、ミステリーなどを読んでいるほうがはるかに面白かった。それらに比べて恋愛ものは地味で退屈《たいくつ》に感じられた。生死を懸《か》けた壮大《そうだい》な冒険《ぼうけん》や、想像もつかない巧妙《こうみょう》なトリックなどのまえでは、だれとだれがくっつこうが、離《はな》れようが、すべてが小さな世界の話に思えてならなかったのだ。

いま、その小さな世界の魅力《みりょく》に取りつかれている。恋するふたりの世界。宇宙でいちばん小さな、しかしありとあらゆる感情の降る、きみとぼくの世界。

それはぼくの趣味《しゅみ》が変化したからというより、恋愛経験を重ねたことによって共感のアンテナが強くなったからだと思っている。だれとだれがくっついたり、離れたりする姿に、過去や現在の自分を重ねている。描《えが》かれる心の機微《きび》に、そう、そうなんだよと、またページをめくる。

田辺聖子さん著『ジョゼと虎と魚たち』は全九編からなる恋愛短編集だ。どれも憎《にく》いほどに面白いわけだが、なかでも特別なお気に入りが、表題作「ジョゼと〜」である。

物語の主人公・ジョゼは、足が不自由で車椅子《くるまいす》生活を送る二十五歳《さい》の女性。ジョゼといいつつも純然たる日本人で、本名を山村クミ子という。あるとき読んだ小説の登場人物にあったジョゼという名をすてきに思い、彼女《かのじょ》自ら名乗りはじめた。

ジョゼは父方の祖母とふたりで生活保護を受けながら暮らしている。祖母は車椅子姿の孫を世間に見せたがらず、ジョゼの外出を日が暮れてからと限定している。

幼いころは父と暮らしていた。が、彼の再婚《さいこん》を機に施設《しせつ》へ預けられることとなり、十四歳から十七歳になるまでをそこで過ごした。父は次第に会いにも来なくなった。

実の母のことは覚えていない。まだ赤ちゃんだったジョゼを残し、ひとり家を出てしまったためだ。

ジョゼの孤独《こどく》で閉鎖的《へいさてき》な心は、それらによってつくられてきた。

彼女の日常を一変させたのは、ふたつ年下の青年、恒夫《つねお》の存在だった。偶然《ぐうぜん》の出会いからジョゼと祖母の暮らす家へ通うようになった彼は、同情や親切心でジョゼや一家のあれこれを手助けしてゆくのだが、それらは次第に恋心へと変化してゆく。そしてまた、ジョゼも。

好きなせりふがある。ジョゼがこっそりと持ちつづけてきた願い（ある「怖《こわ》いもの」を見に行く、というもの）を恒夫がかなえてやったときの、彼女のものだ。

「一ばん怖いものを見たかったんや。好きな男の人が出来たときに。怖うてもすがれるから」（一部抜粋《ばっすい》）

これが胸に染みたのは、二度目に読んだときのことだった。好きだった人に似たせりふを言われたことがあり、当時の情景が一瞬《いっしゅん》で甦《よみがえ》った。あの人は元気でいるだろうかと、ノスタルジックな気持ちになった。

一度目に読んだときのことはほとんど覚えていない。随分《ずいぶん》まえであったということもあるが、当時のぼくには共感に至るまでの経験がなかったのだと思う。あの人と出会わなければ、恋をしなければ、この作品の面白さに気がつけないままであった。

恋の名のもとに起こることすべてがよいものであるとは言えない。むしろ悲しさや寂《さび》しさに塗《まみ》れることのほうが多いのかもしれない。しかし、たとえひどく傷つこうとも、ぼくは、いつかまただれかを好きになると思うのだ。それは、届く思いがあるということを知ってしまったから。心を通わせることのすばらしさを知ってしまったから。もう恋を知ってしまったから。

もしもあなたが、好きな人に会いたくなるような物語を探しているのなら、この小説をおすすめしたい。もしもあなたが、また恋がしたくなるような物語を探しているのなら、この小説をおすすめしたい。「ジョゼと虎と魚たち」を読んでください。

そして、かつてのぼくと同じように、「小さな世界の話」だと思えてならない人たちにも、いつか届く日が来ればよいと心から願う。

蒼井ブルー

大阪府生まれ。独特のタッチで綴られるTwitterが若い世代に絶大な支持を得、フォロワー数は20万人を超える。2015年、イメージモデルに女優・小松菜奈を起用したエッセイ『僕の隣で勝手に幸せになってください』（KADOKAWA）を刊行、ベストセラーになる。他に『NAKUNA』『ピースフル権化』（KADOKAWA）、『君を読む』『もう会えないとわかってから』（河出書房新社）など。

ようこそ恋の混乱へ

小説家
榎田《えだ》ユウリ

『好き? 好き? 大好き?
Do You Love Me?』
R. D. レイン
村上光彦 訳
みすず書房

恋とは混乱です。

ウワァァであり、ドドドドドであり、ヒャッホーイであり、しばしばズドォォンです。思春期を迎えた皆《みな》さんの場合、混乱の原因は主にホルモンなので、自分の意志ではどうにもなりません。たとえあなたが生まれてこのかた孤高《ここう》のクールキャラを保ち続けていたとしても、恋愛《れんあい》ルートに分岐《ぶんき》した以上、眼鏡《めがね》を押《お》し上《あ》げつつ頬《ほお》を染め、ちょっと言葉を詰《つ》まらせたりするツンデレに豹変《ひょうへん》せざるを得ないのです。ゲームならセーブポイントまで戻《もど》ればいいわけですが、人生はセーブもリセットもなく、問答無用でウワァァの嵐《あらし》の中。

恋をしたあなたは暴走するでしょう。

SNSでハズカシイ発言をするかもしれません。いや、します。絶対する。突然《とつぜん》アナログな恋文を書きだす人もいるはずです。夜に書いた手紙は、朝かならず読み返せ……という先人の知恵《ちえ》があります。深夜に湧《わ》き起《お》こる感情の混乱はひときわであり、とんでもなくトンデモな愛の言葉を綴《つづ》っちゃったりするからです。手紙なら見直せますが、SNSでの発言は消せません。あとから火を噴《ふ》くほど恥《は》ずかしくなって、アカウントごと消したところで、見た人はいるのです。知り合いがスクショで保存している可能性もあります。まったく油断のならない世の中になったものです。

けれど、そう恐《おそ》れる必要はありません。

恋愛におけるこういった混乱は、誰《だれ》にでも起きるものであり、言ってみれば、この世なんてハズカシイやつだらけです。

私？　私ですか？　そりゃもちろん超絶《ちょうぜつ》ハズカシイ時代がありましたとも。あの日あの時あの場所で、私の脳下垂体《のうかすいたい》に、いったい何が起きたというのか。好きとか嫌《きら》いとか所有とか独占《どくせん》とか嫉妬《しっと》とかすれ違《ちが》いとか待《ま》ち伏《ぶ》せとか……混乱の極《きわ》みでした。

さて、ではこのような混乱から秩序《ちつじょ》を取り戻したい時、どうしたらいいのか。

いっそ混乱したままでいい、という人もいるでしょう。たしかに、それこそが恋愛の醍醐味《だいごみ》かもしれません。頭の中が恋愛カーニバルというのは、疲《つか》れるけど楽しいものです。ただ、恋愛のウワァァがくると、たいてい同時に性欲のドワァァもくるので、この本を読んでいる若い皆さんは、真剣《しんけん》にセーフセックス（避妊《ひにん》や感染症《かんせんしょう》予防）について学び、考えてくださいね。男子も女子も。

話は戻りまして「ずっとウワァァだと疲れすぎてかなわん。いささか落ち着きを取り戻したい」というあなたに、ご紹介《しょうかい》したい一冊があります。

『好き？　好き？　大好き？』という、これまたストレートなタイトルの本です。もとの英語タイトルは*Do you love me?*ですから、直訳すれば「あなたは私を愛してる？」なのですが、中身を読むと『好き？　好き？　大好き？』のほうが、ずっとしっくりきます。名訳です。

小説ではありません。エッセイでもなく、詩集です。著者はイギリスの精神科医で、R・D・レイン（1927〜1989）。詩集なので、どうぞ感性で読んでください。難しいことを考える必要はまったくありません。

表題にもなっている詩は最後に掲載《けいさい》されています。恋人同士の会話の形で、「彼女《かのじょ》」が「彼《かれ》」に尋《たず》ねまくるのです。

彼女　好き？　好き？　大好き？
彼　うん　好き　好き　大好き
彼女　なによりもかによりも？
彼　うん　なによりもかによりも
彼女　世界全体よりもっと？
彼　うん　世界全体よりもっと

こんな調子で、もっともっと続きます。

初めて読んだ若い頃《ころ》、私はこの詩になんとも言えぬ、いたたまれなさを感じました。彼女のしつこさ、彼女の幼稚《ようち》さ、彼女の不安。そういったものが不快で、でも強く共感できて、そういう自分がまた不快でした。また、彼の、繰《く》り返《かえ》すだけの、合わせているありありの、あるいは彼自身の戸惑《とまど》いが滲《にじ》むような返答も、やっぱり好きになれず、同時になんだか覚えがありました。

実に恋愛とは、ドキドキで、グチャグチャで、チグハグでコンガラガッテ、嬉《うれ》しくて悲しくて、黙《だま》ったまま叫《さけ》びたくて――。

そんな混乱から少し離《はな》れたい時、他者の混乱を観察するのは、なかなかいい方法のようです。書物ならば適度に客観化されているので、その内容にシンクロしつつも、どこか冷静に自分を省《かえり》みることができるかもしれません。まあ、省みるまでいかなくても「大混乱してるのは、自分だけじゃないっぽい」とわかれば、多少安心しますしね。

私の本棚《ほんだな》はわりと入《い》れ替《か》わりが激しいのですが、レインの『好き？　好き？　大好き？』と『結ぼれ』はもう長いあいだ、すぐ手に取れるベスポジに収まっています。

レインの詩から立ちのぼる混乱と困惑《こんわく》と焦燥《しょうそう》、そしてふいに訪れる無垢《むく》と静寂《せいじゃく》。それらに強く惹《ひ》かれたかつての自分を思い出すたび、気恥ずかしく、懐《なつ》かしく……そして再び手に取ってみれば、昔ほど強烈《きょうれつ》ではないにしろ、やはりウワァァという波はやってくるのです。たとえ恋をしていなくとも、私はいまだ混乱の最中らしく、「自分は誰かに好かれているか」がどうしても気になってしまいます。子供じみた自己承認欲求ですが、それはある種のエネルギーになり得ます。私の場合なら小説を書かせる原動力として、おおいに役に立っているのです。

恋をしていれば、特定の誰かに。していなくても、不特定の見えない誰かに。

好き？　好き？　大好き？

私たちはいつだって、そう聞かずにはいられないのかもしれません。

榎田ユウリ

東京都出身。魅力的なストーリーテリングとキャラクター描写で、多くの読者から支持を得ている。著書に「妖琦庵夜話」シリーズ（角川ホラー文庫）、「宮廷神官物語」シリーズ、「カブキブ！」シリーズ、「魚住くん」シリーズ（以上、角川文庫）、『ここで死神から残念なお知らせです。』（新潮文庫ｎｅｘ）など。榎田尤利名義でＢＬ作品でも活躍。

恋はふたりだけのもの

書店員
新《あら》井《い》見《み》枝《え》香《か》

いつだって、恋する君は世界でいちばん苦手な人だった。遠くから見つめていればしあわせなのに、バチーンと目が合えば、心臓は死んでしまう系のリズムを刻む。言葉なんて交《かわ》そうものなら、全身から変な臭《にお》いの汗《あせ》を滲《にじ》ませ、ウォータープルーフであるはずのマスカラは溶《と》け、目の下がドス黒く染まっていく。うれしさより、自己嫌悪《じこけんお》によるストレスがすごい。そんな人とふたりきりになるなんて、苦行《くぎょう》でしかないし、万が一好きだなんて言われたら、きっとその日が私の命日となるだろう。そんな奇跡《きせき》は起きるはず

『ののはな通信』◆
三浦しをん
KADOKAWA

もないが、恋する君と廊下《ろうか》ですれ違《ちが》いそうになれば、本能的にきびすを返して逃《に》げるようになった。好き、というより、怖《こわ》い。もはや天敵である。そして身に覚えのないあちらにとって、私は完全に不審者《ふしんしゃ》だ。

恋をすれば、自分のことを嫌《きら》いになる。それをわかっているのに、また恋をして、逃げてしまう。自分の恋心が恨《うら》めしい。大好きな友達となら、あんなに楽しく過ごせるのだから、全ては恋心が悪いのだ。

そんな私はもう39歳《さい》で、いい大人である。しかし、恋する君への思いと、友達に対する好意の何が違うのか、いまだによくわかっていない。私は女性なので、ごく当たり前のように男性に恋をしてきたが、本当のところ、女性といるほうが断然楽しいのだ。恋とは楽しいものだとすれば、なぜ私はわざわざ男性に恋するのだろうか。

男性との恋が実らないのは悲しいが、そもそも始まっていないのだから、何も失うものはない。だが、仲の良い女友達に嫌われると、私は強いダメージを受ける。恋とは相手に執着《しゅうちゃく》することだとすれば、私の恋愛対象《れんあいたいしょう》はいつだって女性、ということになる。

中学の終わりから高校時代にかけて、ひとりの女の子と、いつもいつも一緒《いっしょ》にいた。その子以外に興味がなかったし、その子がいないなら、別にひとりぼっちでも全く構わなかった。もしかしたら、常識や思《おも》い込《こ》みに囚《とら》われて、その子が女の子だからという理由だけで、友情と恋心をはき違えていただけなのだろうか。

その当時、人類でいちばんその子が大事だった、ということだけは確かだ。しかし、キスをしたいとか、体に触《ふ》れたいと思うことは一切《いっさい》なかった。その欲望があるかないかだけが、恋と友情の差だとしたら、何だか友情のほうが尊いような気がしてくる。

その女の子は、道を歩けば男性が口を開けて振《ふ》り返《かえ》るくらい、可愛《かわい》い顔をしていた。彼女《かのじょ》が好きになれば、すぐに恋は実った。うらやましかった。そうやってモテまくる彼女が、ではない。彼女と付き合える男性が、うらやましかった。おかしいだろうか。あの頃《ころ》私が抱《いだ》いていた感情が何なのかわからぬまま、進学した私と就職した彼女は、ぱったり疎遠《そえん》になってしまった。もう長いこと、連絡《れんらく》を取り合っていない。彼女が今、私と同じ39歳になっただなんて、とても信じられない。

ということを、三浦しをんさんの小説『ののはな通信』を読んだあと、思い出していた。そんな大切な人のことを、忘れていたわけではないけれど、思い出すことを忘れていた。

物語は「のの」と「はな」という、ふたりの少女の交換日記《こうかんにっき》から始まる。文章でのやり取りは、授業中にまわす手紙になったり、時代が進んで電子メールになったりするが、作者の言葉を一切挟《はさ》まずに、ふたりが相手に向けて綴《つづ》った言葉だけで、ページは進んでいく。「のの」と「はな」も、当時の私たちのようにべったりと仲の良い少女時代を過ごしていた。ただ違う点は、「ののはな」が両思いであり、それを恋だとお互《たが》いが認識していたことだ。その体に触れたいという、友情とは違う欲望も抱いていた。だが、その恋人期間は長くは続かず、嫉妬《しっと》による仲違《なかたが》いがあったり、生活の状況《じょうきょう》が変わったりして、ふたりのやり取りは長く途切《とぎ》れることになる。でも、交換日記をしていた頃のふたりは、紛《まぎ》れもない恋心を抱いていた。本の中には、お互いに伝え合った文章しかないからこそ、そう確信できた。もしかしたら、疑似恋愛だとか、まだ子供だからとか言って、それを恋ではないと鼻で笑う人もいるかもしれない。しかし、だとしたら、「恋」とはその程度のものなのか。当事者ですら間違えてしまうくらいの、あいまいでわかりにくいものなのか。

恋とは何か、の正解は「のの」と「はな」との間にだけある。ふたりの間で成立している恋において、部外者は何も口を挟むべきではない。恋とは何かを知ったことがある者は、少なくとも他人の恋を、恋だと信じているものを、恋ではないと切り捨てたりはしないだろう。

最後に、『ののはな通信』は、本来「のの」と「はな」だけが読むはずの手紙を、そっと覗《のぞ》き見《み》させてもらっていることを忘れないでほしい。ふたりは、ふたり以外の人間がそれを読むなんてことを想像もしていないし、私のような読者に読まれたことを、永久に知らないままなのだ。だからそこには、本当に本当のことしか書いていない。もしそこに「恋って何ですか?」の答えを見つけたのなら、信じていいと思うのだ。

新井見枝香

1980年東京都出身。書店勤務の正社員。文芸書担当が長く、作家を招いて自らが聞き手を務める「新井ナイト」など、開催したイベントは300回を超える。独自に設立した文学賞「新井賞」受賞作品は、同時に発表される芥川賞・直木賞受賞作品より売れることもある。著書に『探してるものはそう遠くはないのかもしれない』『この世界は思ってたほどうまくいかないみたいだ』（秀和システム）、『本屋の新井』（講談社）。

学校空間での恋

芸人
山田ルイ53世

妻と2人の娘に囲まれ、恋愛《れんあい》などとはすっかり縁遠《えんどお》くなった僕《ぼく》ですが、いまだに胸を締《し》めつけられるマンガがあります。『風と木の詩』、通称《つうしょう》『風木《かぜき》』。大学生のときに愛蔵版をそろえ、今でも年に何度か読み返し、そのたびに心を揺さぶられ涙する、そんな作品です。

『風木』は、19世紀末フランスの、男子のみが通う寄宿舎付きの学校を舞台《ぶたい》に、少年同士の恋を描《えが》いたマンガ史上に残る大傑作《だいけっさく》。そう聞くと、ちょっととっつきにくいな……

『風と木の詩《うた》』◆
竹宮恵子《たけみやけいこ》
白泉社文庫

と思う人もいるかもしれません。まずはその気持ちを取《と》っ払《ぱら》って読んでみましょう。みなさんと同世代の少年たちによる学校内での物語であり、最初から最後までずっと胸を締めつけられる、圧倒的《あっとうてき》なパワーを持つ稀有《けう》な作品です。

そして、実に普遍的《ふへんてき》な人々の想い、愛や絆《きずな》、生き方が描かれていて、みなさんの今後にも役立つと思います。

主人公はジルベールとセルジュという二人の少年です。ジルベールは性に対して奔放《ほんぽう》で、学校の生徒や先生と関係を結んでいます。僕が知るフィクションの中でも随一《ずいいち》の魔《ま》性《しょう》を持つ人物と言ってよいでしょう。セルジュはロマ（ジプシー）の母を持つというだけで差別されて育ってきましたが、まっすぐな正義感を持つかっこいい少年です。魅惑《みわく》的《てき》で天才肌《てんさいはだ》のジルベールに、常識人であるセルジュが正面からぶつかって、世話を焼きながら、次第に気持ちを通わせていきます。

僕が学校に行けなくなって引きこもりはじめたのは、中学2年生の頃。ちょうどセルジュが学校に転入してきた頃《ころ》の年齢《ねんれい》です。あの年代の僕にとっての学校は、世界のすべてでした。学校以外の世界も様々にあるのに、学校でしくじったら人生すべてダメ、みたいな気持ちで生きていたのです。

でも学校って、ただ同じ世代というだけで、何十人、何百人が一緒《いっしょ》に生活を送っているところ。よくよく考えれば、相当いびつな空間ではないでしょうか。そんなところで、みんなとうまくやっていけるほうがむしろすごい。上手くできなくて当たり前なのです。『風木』では、そんな学校の異質性と、煮詰《につ》まる人間関係、閉塞感《へいそくかん》が丹念《たんねん》に表現されています。寄宿舎のある学校という、さらに閉鎖的《へいさてき》なシチュエーションではありますが、描かれることは、一般的《いっぱんてき》な学校でも起こり得ること。「こんなことうちのクラスでもあったな」とか「これあいつのことや」と、自分のいる学校空間に重ねられることも多いはずです。

彼《かれ》らの恋愛《れんあい》だって、いまの学生間で行なわれているものとそんなに変わりはしません。ジルベールに翻弄《ほんろう》され揺《ゆ》らぐ優等生カール、セルジュに憧《あこが》れる下級生セバスチャン。美貌で厳しく性に潔癖《けっぺき》な生徒総監《そうかん》ロスマリネ、彼に憎《にく》しみと愛が混じり合った複雑な感情を抱《いだ》く最上級総監督生《かんとくせい》のジュール。暴力的にジルベールを支配しようとする上級生たち。

登場人物はみんな少年で、作中でも一歩寄宿学校の外に出ると、少年同士の恋愛は世間からは批判の的になっていますが、彼らの相手を想う気持ちや行動は、今も学校でよくある恋愛と同じ。男女共学で異性愛の恋愛をする人たちの参考にも、もちろんなる。

さらに肌《はだ》の色などの外見の差、貧富の差、上下関係と、いろいろな要素も描かれるからこその面白さもあります。

僕が読んできた少年マンガの恋愛ものは、今にして思えば、相関図が簡潔に描けるものが多かった。主人公の男子がいて、彼が恋する女子がいて、彼に恋する女子が登場して三角関係になり……というふうに。男性と女性など、属性の役割がハッキリしていて、登場人物はその枠《わく》の中で動く。

でも『風木』は、そういうカテゴライズを越《こ》えてきます。物語展開や人間関係が少年マンガとは全然違《ちが》っていて、多様な人間同士のぶつかり合いが粒立《つぶだ》って描かれています。男と女、男と男、先輩《せんぱい》と後輩といった属性を越えて、一個の人間対人間の物語なんだと感じられる。自分たちと同じ年代の人間が繰《く》り広《ひろ》げるいろんな恋と愛、絆をじっくり味わってください。

直球の恋に興味のない人は、パスカルというキャラクターが登場するところだけでも読んでみてください。僕が特に好きな人物です。彼は恋愛にはのめり込みません。冷静にほかの生徒たちの恋愛関係を見ています。もっさりした風体で、もてる感じでもない。首席で卒業してほしいという父親の夢を叶《かな》えるために、3回も（わざと）落第しています。

留年している間に勉学に励《はげ》み、生物学、占星術《せんせいじゅつ》、赤《あか》ん坊《ぼう》の育て方などあらゆる知識を得ようとします。なぜなら、彼の夢は息子を存分に教育し、天才児を育てることだから。自分の成功は頭の中になく既《すで》に次の世代のことを考えている。みなさんには、ちょっと理解しがたい生き方や考え方かもしれません。

でも彼は、やるべきことをクリアにし、その道を突《つ》き進《すす》んでいる。僕も引きこもっていたから、中学校で1年留年しているんです。大学も一浪《いちろう》で入った。それがずっとコンプレックスだったので、パスカルの考え方は目から鱗《うろこ》でした。「俺の考えはこう、人にどう思われようが別に構わない」というその強さ！　生徒の中で5年10年先の将来を見据《みす》えていたのはパスカルだけ。彼の生き方には学ぶべきものがたくさんあります。

さて、そんなパスカルの応援《おうえん》もあり、セルジュとジルベールは学院を出て外の世界で暮らし始めますが、年齢《とし》は若いし、生活の価値観も違うし、うまくいかない。ジルベールは、傷つけ合い、どちらかが隷属《れいぞく》し、同化するほどの関係性にならなければ愛じゃないと叔父《おじ》に教《おし》え込《こ》まれてきました。その恋愛の形を最後まで捨て切れず、悲劇的な結末を迎《むか》えます。

彼を失った後、セルジュの目からは光が消え（比喩《ひゆ》じゃなくて本当に！）、遠くを見ているような、仏さんになってしまったような、そんな表情に描かれます。これからの人生、ずっとジルベールに囚《とら》われて生きていくのかなと想像すると、この上なく胸を締めつけられる終わり方です。

心を揺さぶり、ぎゅっと握《にぎ》りしめてくれる作品は、いろいろな恋愛でいろいろな考え方をする手助けになります。文庫版で全10巻ありますが、読みだしたら止まりませんよ。

山田ルイ53世

兵庫県出身。お笑いコンビ・髭男爵のツッコミ担当。地元の名門校・六甲学院中学校に進学するも、中学2年時に引きこもりになる。大検（現・高卒認定試験）合格を経て、愛媛大学法文学部に入学したが、その後中退し上京、芸人の道へ。『一発屋芸人列伝』（新潮社）は「編集者が選ぶ雑誌ジャーナリズム賞」作品賞を受賞。著書に『一発屋芸人の不本意な日常』（朝日新聞出版）、『ヒキコモリ漂流記 完全版』（角川文庫）など。

＊アフリカ大陸で話されている言語群のことだよ！

らむだのワンポイントアドバイス

あなたの想いが日本語でうまく表現できないときは、バントゥー諸語で伝えてみて♡

＊マテンゴ語で「遠隔《えんかく》に呪《のろ》いをかける」という意味よ♡

恋の定義

あ〜ん
恋って苦しいっ
この気持ち
いったい
なんなのぉ〜っ
そうだ!
こんなときこそ…
新明解国語辞典
『新明解国語辞典』
第七版(三省堂)で
調べてみましょ!
こい【恋】
特定の相手に深い愛情をいだき、その存在が身近に感じられるときは、他のすべてを犠牲《ぎせい》にしても惜《お》しくないほどの満足感・充足感《じゅうそく》に酔《よ》って心が高揚《こうよう》する一方、破局を恐《おそ》れての不安と焦燥《しょうそう》に駆《か》られる心的状態。
『新明解国語辞典』第七版：475頁
た…確かに私…
摩擦くんに深い愛情を抱《いだ》き
摩擦くんの存在が身近に
感じられるときは
満足感・充足感に酔って心が
高揚する一方、もし摩擦くんが
長期のフィールドワークに
行っちゃったら…
と思うと不安と焦燥に
駆られるわ…!
これが恋…!

らむだのワンポイントアドバイス

週末は想い人と一緒《いっしょ》に辞書引きデートがオススメよ「恋愛」の項《こう》も引いてみて♡

＊「キラキラ」や「すべすべ」などの擬《ぎ》音《おん》語・擬態語のことよ☆

らむだのワンポイントアドバイス

ウニャッ♡あなたも彼にポヌポヌな気持ちをモニャ～ンしてみて♡きっと彼もメルッとしちゃうわ！

愚《おろ》か者《もの》の恋

よ〜し
言語学徒たるもの
言語学者の知見を
取り入れるべし☆
『心の仕組み』
（スティーブン・ピンカー／
ちくま学芸文庫）を読んで
恋とは何かを考えるわ
心の仕組み
スティーブン・ピンカー
なになに…
「心とは何か、
どうやって
生まれるのか、
なぜ、人間は
癇癪《かんしゃく》をおこすのか…
子どもが悪さを……
するのはなぜか………
うと…
うと…
【マメ知識】
大学院生は慢性的《まんせいてき》に
睡眠不足のことが多いわ！
愚か者が
恋に落ちるのは
なぜか——…
はっ
いけない！
私 研究室で
寝《ね》ちゃったわ！
あれ？このブランケット
一体誰《だれ》が…？

竹輪大学大学院言語学研究室

言語学を専門とする若手研究者によるサークル。某国立大学で博士号を取得後、国内の大学、研究機関で言語学の研究に勤しむかたわら、同人活動として言語学を専攻する大学院生のハラハラドキドキのラブ・コメディを執筆している。

おんみなくばわたしなく

小説家
澤田瞳子《さわだとうこ》

『トリスタン・イズー物語』
ベディエ 編
佐藤輝夫 訳
岩波文庫

いきなりの余談で恐縮《きょうしゅく》だが、私が人生で初めてイタリア語に触《ふ》れたのは、モーツァルト作曲のオペラ『フィガロの結婚《けっこん》』の中の一曲「恋とはどんなものかしら」を習った際である。なにせ私が通っていた女子高は音楽教育に熱心で、様々なオペラの曲を教えられる授業があった。テストのために一曲を通しで覚えねばならず、まだ十代の少女たちが休み時間ごとに口々に「Voi che sapete che cosa è amor（恋とはどんなものかしら）」と歌っている様は、今から考えるとひどく愛らしく、この曲の軽快な趣《おもむ》きと奇妙《きみょう》に合致《がっち》していた。

恋とはどんなものか。かつて無邪気《むじゃき》に歌っていたその言葉を大人になってから考えてみると、私は「おんみなくばわたしなく、わたしなくばおんみもない」という美女・イズーの呟《つぶや》きを思い出す。なぜならばこの短い述懐《じゅつかい》には、恋の甘《あま》さと同時にその底知れぬ苦さまでもがないまぜとなって含《ふく》まれているからだ。

コーンウォールの王・マルクの甥《おい》であるトリスタンは、敬愛する伯父《おじ》の妻を求めるべく、対立するアイルランドに渡《わた》り、かの国の王の姪《めい》・イズーを連れ帰る。しかしその途《と》次《じ》の船中、侍女《じじょ》の過《あやま》ちから魔法《まほう》の媚薬《びやく》を飲んでしまった二人は、互《たが》いに惹《ひ》かれあわずにはいられない苦しい恋のただなかに突《つ》き落《お》とされるのである。

もともとケルトの伝承であったこの物語は、中世のフランスで韻文《いんぶん》にまとめられ、様々な流布本《るふぼん》が発生。19世紀、フランスの文学者・ベディエがそれらを編纂《へんさん》したものが、今日の日本ではもっとも読みやすい一冊となっている。

なにせ恋する相手が伯父の妻だけに、トリスタンとイズーの関係は人々から後ろ指さされる不貞《ふてい》でしかない。もちろん当人たちとてそんなことはよくよく承知しており、互いの関係に思《おも》い悩《なや》み、時には相手から離《はな》れようと試みる。しかし残念ながら二人を襲《おそ》う恋情《れんじょう》は離れれば離れるほどその身を責め、遂《つい》には彼《かれ》らの命までを奪《うば》ってしまう。

とはいえ正直に白状すると、最初にこの本を読んだ十代の頃《ころ》は、不義の関係を至高の恋と主張する二人にあまり感情移入できなかった。だが「恋とはどんなものかしら」と囀《さえず》る時代を過ぎて大人になってみれば、この物語の真の主人公は一個人としてのトリスタンとイズーではないと分かる。本作の中心はあくまで甘くも苦い恋そのものであり、トリスタンにしてもイズーにしてもそれに振《ふ》り回《まわ》される哀《あわ》れな影《かげ》に過ぎないのだ。

実はそれを裏付けるかのように、この物語の中には二人以外にも「恋」に悩まされる人々が登場する。たとえばトリスタンの伯父であるマルク王は、甥と妻の不貞という関係に懊悩《おうのう》しつつも、トリスタンを信頼《しんらい》し、イズーを愛し続ける。しかしとうとうある日、感情の堰《せき》を切ったかのようにトリスタンの処刑《しょけい》を目論《もくろ》んだり、イズーを病人たちに下《さ》げ渡《わた》そうとするのは、マルク自身の恋情がそれだけ大きければこそだろう。いわばマルク王もまた恋に振り回され、苦しめられる恋の奴隷《どれい》なのだ。

そうそう苦しめられると言えば、同じ名前でややこしいのだが「白い手のイズー」と呼ばれるトリスタンの正妻も忘れてはなるまい。ブルターニュの姫《ひめ》である彼女《かのじょ》は、兄とトリスタンの交友が縁《えん》でトリスタンに嫁《とつ》ぐ。だがトリスタンは伯父の元に残してきた恋人を思うあまり、白い手のイズーを遠ざけてしまう。

夫の心の中に他の女の存在があることを知った白い手のイズーは、その深い愛情ゆえにかえってトリスタンを憎《にく》むようになる。そして病の床《とこ》で恋人の訪れを待ち焦《まこ》がれるトリスタンに、イズーは来ないと偽《いつわ》りを言い、わずかに残っていた生きる力を夫から奪うのである。

トリスタンとイズーを中心に考えれば、マルク王も白い手のイズーも二人の恋を阻《はば》む敵役《かたきやく》でしかない。しかし彼らには彼らなりの苦しい「恋」があり、その言動はすべて「恋」あればこそ。いわばこの物語は恋によって引き起こされる様々な喜怒哀楽《きどあいらく》を余すところなく描《えが》き尽《つ》くした、「恋」そのものを主題とした作品なのだ。

ところで前出の「おんみなくばわたしなく、わたしなくばおんみもない」という呟きは、スイカズラの蔓《つる》をからみつかせたハシバミの枝を見て、イズーが思わず漏《も》らしたものである。感情を持たぬ植物であれば、ただただ互いに寄りかかり続けることもできるが、現実の人間世界ではそうもいかない。そんな理想と現実のギャップは、甘やかな恋には古今東西つきものであり、トリスタンとイズーの物語が千年以上にわたって語《かた》り継《つ》がれてきたのも、そんな理由によるのだろう。

恋とは実に不可解な存在で、これが正解というものは決してない。そして同時に、一点の非の打ちどころもないという恋も、まず滅多《めった》に存在しない。本作はそんな恋の難しさを多面的に描き、西洋の中・近世の恋愛観にすら影響《えいきょう》を与《あた》えた一冊。ぜひ今を生きる方にも、手に取っていただきたい。

澤田瞳子

1977年京都府生まれ。同志社大学文学部文化史学専攻卒業、同大学院博士課程前期修了。専門は奈良時代仏教制度及び、正倉院文書の研究。2010年『孤鷹の天』（徳間書店）で小説家デビュー、同作により中山義秀文学賞を最年少受賞。『満つる月の如し』（徳間書店）で本屋が選ぶ時代小説大賞、新田次郎文学賞、『若冲』（文藝春秋）で親鸞賞を受賞。著書に『落花』（中央公論新社）、『名残の花』（新潮社）など。

恋に包まれたとき

脚本家
木《き》皿《ざら》泉《いずみ》

この小説は戦時中の日本の話です。平和な時代に暮らしている私たちには、戦争中の日常は理解に苦しむものです。爆弾《ばくだん》が落ちてきて、いつ死ぬかわからない恐怖《きょうふ》もありますが、それだけではありません。国は、国民を戦いという一点に集中させるために、趣《しゅ》味《み》や娯楽《ごらく》を禁止し、国の悪口を言う人を徹底的《てっていてき》に取《と》り締《し》まったのです。戦争というのは、外からの攻撃《こうげき》だけではないのです。自分の国からも、いろいろ締めつけられるのです。それに従わないと仲間外れや暴力が待っているのです。

「握《にぎ》りめし」◆
（『旅する女』収録）
小松左京
角川文庫

もちろん、恋愛《れんあい》など許されるものではありませんでした。みんなが国のために耐《た》えているのに、何を浮《う》かれているのだと、男女が一緒《いっしょ》に歩いているだけでなぐられてしまう、そんな世の中だったのです。

しかし、そんなときでも思春期になれば、やっぱり異性にひかれるのは当然です。「握りめし」の主人公も、美しく成長した幼なじみの女の子と道ですれ違《ちが》うたびに、胸をどきどきさせます。

ところが、怖《こわ》い先輩《せんぱい》から、その幼なじみに恋文《こいぶみ》を届けるよう頼《たの》まれます。届けるたびに、握りめしを一つくれるというのです。戦争中で食べ物がなく、ずっと腹をすかせていた主人公は握りめしを見たとたん、その頼みを引き受けます。白米というものを、長い間食べていなかったのです。

なぐられ、腹をすかし、いつ死ぬかわからない毎日。そんなみじめな生活をしていた主人公は、握りめしが欲しくて、何度も先輩の手紙を幼なじみに渡《わた》します。やがて、先輩と幼なじみは隠《かく》れて会うことになるのですが、その場所が爆撃《ばくげき》され、二人ともあっけなく死んでしまいます。

戦争が終わって、主人公は女子校の教師になります。遠足で、つくってもらった握りめしを食べようとしたとき、ふいに自分が幼なじみが好きだったことに気づくのです。自分は、好きな人を握りめしで売ってしまったのだと思うと、その握りめしが憎《にく》くなって、投げ捨ててしまう、そういうお話です。

私はこの話を読むと、「恋」というコトバの反対語は、「自分を踏《ふ》みにじるもの」ではないかというふうに思えてきます。

世の中の流れに合わせて生きるには、自分をどこかでねじ曲げねばなりません。戦争のため、国は暴力などの恐怖を与《あた》え、個人を押《お》さえつけてきました。

平和な今の世の中に、そういったものがまったくなったかといえば、そうではありません。空気を読めないという理由で、仲間に入れてもらえないということがありますす。そうならないよう、その場その場を見きわめ、なるべくみんなと一緒の行動をとるように気をつけている人がほとんどです。そうしなければ、今度は自分がいじめられるからです。本当はこうしたい、という自分を押し殺して、まわりに合わせているのです。

「握りめし」の主人公ほどの、ひどい仕打ちでなくても、「自分が踏みにじられている」と思うような場面が、みなさんにもあるのではないですか。

世の中は、なかなか思うようになってくれません。学校生活の中でも、それはあるでしょう。社会に出ると、もっと思うようになってくれず、悩《なや》むことも増えると思います。でも、自分が好きなものや、こうなったら自分はもっと生き生きと暮らしてゆけるのではないか、ということを考えるのをやめてはいけません。考え続けていれば、いつかそういう自分をまるごと肯定《こうてい》してくれるものに出会えるからです。私は、その出会いが「恋」だと思います。それは異性だけとは限りません。同性の人かもしれないし、マンガや小説、アニメのような2次元の人、あるいはアイドルのように手の届かないような人かもしれない。人ではない、音楽や美しいものに恋する人もいるでしょう。

無理をして生きてきた人ほど、自分が本当は何を考えたり、感じたりしてきたのか、わからなくなるものです。それを天啓《てんけい》のように、示してくれる人がいて、その瞬間《しゅんかん》、恋に落ちるのではないかと思います。

「握りめし」の主人公が道で幼なじみとすれ違うとき、ひどい世の中にいるには違いないのですが、すれ違ったその瞬間だけは、そんな世の中をさえぎる薄《うす》い膜《まく》のようなもので、二人は包まれていたような気がします。それは先輩と幼なじみが、人目を忍《しの》んで会っていたそのときも、第2次世界大戦という、個人があらがえない大きな出来事の中にいながら、二人がいたその場所だけは、異次元にいるかのように思わせる、薄い膜に二人はおおわれていたはずで、その膜のようなものを、私たちは恋と呼んでいるのでしょう。

主人公は、戦後、自分が握りめしに踏みにじられていたことに気づきます。そんなもののために、自分が自分であり続けることができる場所を自ら捨ててしまったのです。

恋とは、自分が居るべき場所を、一瞬《いっしゅん》のうちに理解させてくれるものだと思います。

木皿泉

１９５２年生まれの和泉務《いずみつとむ》と、１９５７年生まれの妻鹿年季子《めがときこ》による夫婦脚本家。共に兵庫県生まれ。初の連続ドラマ「すいか」で向田邦子賞、「Q10」「しあわせのカタチ～脚本家・木皿泉 創作の〝世界〟」で2年連続ギャラクシー賞優秀賞を受賞。初の小説『昨夜《ゆうべ》のカレー、明日のパン』（河出文庫）で本屋大賞第2位。ラジオドラマ、アニメ映画、舞台脚本などでも活躍。著書に『すいか』『Q10』（河出文庫）、『さざなみのよる』（河出書房新社）、『木皿食堂』（双葉文庫）、『カゲロボ』（新潮社）、『ぱくりぱくられし』（紀伊國屋書店）など。

恋愛《れんあい》のカン違《ちが》い

社会学者
上野千鶴子《うえのちづこ》

『恋愛小節の陥穽《かんせい》』
（『三枝和子選集6』所収）
三枝和子《さえぐさかずこ》
鼎《かなえ》書房

本書は男の考える恋愛がどんなにカン違いなのかを、これでもかと暴き立てるおそろしい本である。とりあげられたのは「日本の文豪《ぶんごう》」と言われる男性作家たち。目次から「漱石《そうせき》の過誤」「谷崎《たにざき》の矛盾《むじゅん》」「太宰《だざい》の逃避《とうひ》」「川端《かわばた》の傲慢《ごうまん》」「荷風《かふう》の逆説」「秋声の破綻《はたん》」とくれば、どんな作家がやり玉に挙げられているかがわかるだろう。他にも三島由紀夫、武田泰淳《たけだたいじゅん》、石川淳、そして最後には村上春樹が登場する。

冒頭《ぼうとう》に出てくるのは、秋山駿《あきやましゅん》の『恋愛の発見』である。秋山は書く、「恋愛は犯罪に似ている…それが俺《おれ》には必要だ。だから俺はそうする」という「その人ひとりだけの、自分勝手なもの」だと。さらに彼《かれ》はいう、「俺はおまえを愛している。それはお前には一切《いっさい》関係のないことだ」……これってほとんどストーカー心理だと、女性読者ならふるえあがるのではないだろうか。秋山によれば「恋愛」とは「所有」の欲望だからだ。男にとって恋愛が「所有の欲望」だから、他の男が所有している女を欲望すれば「姦通《かんつう》」になる。

著者によれば、恋愛とは「自我を持った男と自我を持った女の対等な男と女の関係」だが、ほとんどの男性作家にとっては、女性は「他者」ですらなく、受動的な客体か所有物、偶像《ぐうぞう》か奴卑《ぬひ》にすぎない。谷崎は「女というものは神であるか玩具《がんぐ》であるかのいずれか」であると言い、川端は女との関係で「征服者《せいふくしゃ》が居眠《いねむ》りながら奴隷《どれい》に足を洗わせているような満足」を味わい、荷風は女と交わるが女と「恋愛」しない。女の側から見れば、女神でも奴隷でも、どちらもごめんこうむる、いずれも「人間」の外に放逐《ほうちく》された存在にほかならない。そして拝跪《はいき》によって女をコントロールしているのは、実は男の欲望なのだ。今日の目からこうした男性の「文豪」たちの作品を読むと、ほとんどセクハラ小説に思えてくる。

「恋愛」は少なくとも精神と肉体の「関係」だが、多くの男性作家の書く「恋愛」に「関係」は存在しない。「関係」を取り結ぶには複数の主体が必要だが、相手の女性主体が登場しないからだ。したがって彼らが描《えが》く「恋愛」は、一方的な男性の欲望や妄想《もうそう》や執着《しゅうちゃく》や失望……になる。秋山のいうとおり、「お前には一切関係のない」ひとりよがりなのだ。そして「ひとりよがり」とは、字義どおりに解せば、マスターベーションのことだ。女がこんな得手勝手なゲームの共演者にさせられてはたまらない。とはいえ、この一方的なゲームは過去のものだろうか？　男たちが今でも「恋愛」と呼ぶものの多くは、この域を出ていないかもしれない。

本書を読めば、逆に男の妄想（ファンタジー）の共演者を演じれば、女は男のミューズになることができるとわかる。「恋愛」という概念《がいねん》は明治の輸入品だった。北村透谷《きたむらとうこく》は「恋愛は人生の秘鑰《ひやく》なり」と書いて、愛欲や情痴《じょうち》ではない近代の男女関係を求めた。「恋愛」概念を学んだ新青年たちが、自分たちのゲームの相手として求めたのが「新しい女」だった。近代文学史的には「新しい男」が先に登場し、そのパートナーとして「新しい女」に名乗りを上げた平塚《ひらつか》らいてうのような女性が登場したので、順番は逆ではない。高村光太郎《たかむらこうたろう》という詩人の「ミューズ」に祭り上げられた「新しい女」が、智恵《ちえ》子《こ》だった。智恵子の狂気《きょうき》に、「二階に挙げた上で、梯子《はしご》をはずした」と卓抜《たくばつ》な分析を与《あた》えたのは、黒澤亜里子《くろさわありこ》の『女の首』である。だが「新しい女」のなかには、男の妄想を踏《ふ》み破《やぶ》って、対等なゲームを仕掛《しか》けたらいてうのような女性もいた。そのゲームから、怖《お》じ気《け》づいて逃《に》げ出《だ》したのが、「新しい男」を気取った漱石の弟子、森田草平だった。それが未遂《みすい》に終わった「塩原心中事件」である。「新しい女」は、自我の争闘《そうとう》へまで、男を連れ出したからだ。

実をいうと、本書の影響《えいきょう》を受けて、わたしは富岡多恵子《とみおかたえこ》、小倉千加子との共著で『男流文学論』を書いた。日本にフェミニズム文学批評というものがまだなかった頃《ころ》のことだ。著者の恋愛観に全面的に同意するわけではないが、この無謀《むぼう》と言ってよいくらいの大胆不敵《だいたんふてき》な書物に、大きな刺激《しげき》を受けた。『男流文学論』でとりあげた男性作家は、吉《よし》行淳之介《ゆきじゅんのすけ》、島尾敏雄《しまおとしお》、谷崎潤一郎《じゅんいちろう》、小島信夫、村上春樹、三島由紀夫である。こうやって論じてみると、日本近代男流文学は、累々《るいるい》たるミソジニー（女性嫌悪《けんお》）の系譜《けいふ》であることがわかる。男はミソジニーでなければ「恋愛」できないのか？　ミソジニーでないような恋愛は成り立つのか？　それより男の考える「恋愛」という近代の産物は、歴史と共に去りゆく、一過性のものだったのかもしれない。

上野千鶴子

1948年富山県生まれ。東京大学名誉教授、認定NPO法人ウィメンズアクションネットワーク（WAN）理事長。日本におけるジェンダー論・女性学のパイオニア。『近代家族の成立と終焉』（岩波書店）でサントリー学芸賞受賞。著書に『スカートの下の劇場』（河出文庫）、『おひとりさまの老後』（文春文庫）、『身の下相談にお答えします』『おひとりさまの最期』（朝日文庫）、『情報生産者になる』（ちくま新書）など。

愛の対象は人間を越《こ》えて

哲学者
岡本《おかもと》裕一朗《ゆういちろう》

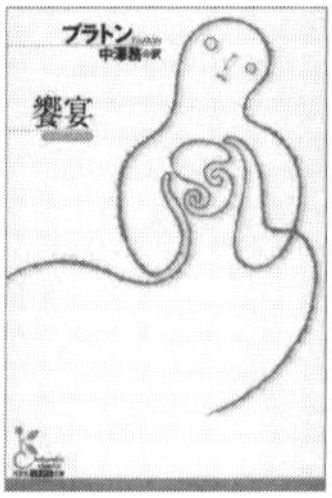

『饗宴《きょうえん》』◆
プラトン
中澤務 訳
光文社古典新訳文庫

私たちは恋や愛を考えるときに、つい人間の男性と女性による愛の形態を前提としがちです。もっと広い視野で愛の形を考えてもいいのではないでしょうか。その手がかりとして、皆さんに是非読んでほしいのが、この『饗宴』です。

『饗宴』は、対話《たいわ》篇《へん》と呼ばれるプラトンの著作の中の一篇です。パイドロス、パウサニアス、エリュクシマコス、アリストファネス、アガトン、そしてソクラテスの6人が思い思いに愛の形について語るという構成です。基本的に会話が中心で読みやすいので、哲学書《てつがくしょ》と思って敬遠しないで読んでみてください。

『饗宴』でいちばん有名な話は、喜劇詩人アリストファネスが語る愛の話です。彼によると、今のように男性と女性という2種類の性の人間は存在していませんでした。かわりに全く異なる3種類がいました。体がまん丸で顔が2つに手足がそれぞれ4つ、要するに今の人間の背中と背中がくっついているような状態で、男性と男性がくっついたタイプ、女性と女性がくっついたタイプ、男性と女性がくっついたタイプの3種類です。

この3種類の人間はひじょうに傲慢《ごうまん》でしたので、神様が背中と背中が合わさっている真ん中をスパッと切って分け、弱体化させました。2分の1ずつになった人間は、かつての片割れを求めるようになった。その行為《こうい》が基本的に愛であると。そうすると、愛の形は3種類になりますね。男性が男性を求める、女性が女性を求める。そして、男性と女性の族だった人は、男性は女性を、女性は男性を求める。

このように、人間同士の愛の形を男性と女性に限定せず、多様なタイプの愛の形を考えたことが『饗宴』とプラトンのまず第一の大きな功績です。

もっとも、プラトンにとって最高の形態は男性と男性の形でした。ギリシア時代には有力者は少年を囲って、愛し、かつ彼《かれ》らに教育をしていた。本書の副題は「愛（あるいは恋）について」ですけれど、この愛や恋において、基本的に想定されているのはあくまで男性と男性です。プラトンの頭の中には、男性と女性という組み合わせはほぼありません。ある意味動物と同じレベルのことだと考えていました。今の常識と随分違《ずいぶんちが》いますね。

さて、この男性と女性がくっついたタイプの人間「アンドロギュノス」の発想から、私たちの性の常識を覆《くつがえ》す考えを導き出したのが20世紀の精神科医フロイトです。彼は一人の人間の中には男性と女性と、どちらかの性があるのではなく、男性と女性という2つの性が共に存在していると考えました。

人間同士の恋愛《れんあい》の関係も、たとえば男性の中の男性的要素と女性の中の女性的要素が組み合わさって恋愛として成立しているのではなくて、もしかしたら男性の中の女性的要素と女性の中の男性的要素の結びつきかもしれない。あるいはその逆のパターンかもしれない。男性同士の同性愛においては、男性の中の男性的要素と男性の中の女性的要素の結びつきかもしれない。人間同士において、さらに多様な愛の形態があるという発想にたどりついたのです。

哲学者のドゥルーズと精神分析家《せいしんぶんせきか》ガタリは、この発想をさらに超えます。一人の人間の中にn個、複数の性があると言ったわけです。それは人間的なものに限らず様々な性の要素があると考えてもいいでしょう。

もともとプラトンが考えていたいちばん基本的な愛というのは、私たちに欠けているものをエネルギッシュな形で求めることでした。『饗宴』の中でもソクラテスに、特に様々な本当の知識を求めることへの強い欲求を愛と呼び、知恵《ちえ》への愛＝哲学とも言わせています。

数千年前の『饗宴』の時代に、すでに愛の対象は人間に限ることがないと主張していたことになります。これもプラトンの大きな功績ですね。

他のものと強い欲望的な関係で結ばれるあり方を愛と考えれば、別に人間同士に限らなくてよいわけです。現代においても、たとえば仕事、アニメ、機械など、多様な要素の中に自分が没頭《ぼっとう》できることを愛と考えられるのではないでしょうか。もちろん、情熱的な形で交わるときには、人間的な愛の形もあるかもしれませんが。

　愛の形態を人間の、さらに男女の性に限定するのは、ここ２００年か３００年の歴史の中で強く言われただけのものです。もともと西洋の場合はキリスト教に則った道徳がずっとあり、そこに資本主義が入ってきて、家族という形が仕事をするための一つの前提になっていきました。それを日本もある時期から受け入れて、今の家族制度ができ上がった。本来愛の一形態であった、様々な自分のやりたいことなどは、そのシステムに対する一つの手段になり、切《き》り詰《つ》めていかざるを得なくなりました。

　人間同士の生活スタイルでは、どうしても相手を独占《どくせん》する形での生活にしたいと思いがちです。たとえば、ホームドラマなどで妻が夫に「私と仕事、どっちが大事なの」「なんで私の方向を向いてくれないの」と問うシーンがありますね。比べることがナンセンスと一般的《いっぱんてき》に言われていましたけど、プラトンの考え方から言うなら、それはごく当たり前の嫉妬《しっと》の反応なのです。仕事も、たとえば他の女性と同様に、嫉妬の対象になっていいわけです。

愛の対象を一つに限定せず、仕事も趣味《しゅみ》も人間と同じように愛する対象であると自覚したら、ずっと自由に楽に生きていけます。結婚同居に縛られる必要もありません。自分のしたいことをするときに、その一環《いっかん》として他人と付き合う。そういう生き方でもいいのではないでしょうか。

近年、ＡＩが活躍《かつやく》の場を広げています。ＡＩを搭載《とうさい》したロボットなど無機物に対しての想いや行動を愛と呼ぶことも、プラトンの考え方からすれば、別に不思議なことではありません。

ＡＩと人間の恋愛を考えるとき、ＡＩとは理解しあえないのでは、と懸念する人もいるでしょう。でも人間だけが特別にちゃんとした形で理解し合っているというのは幻想《げんそう》です。相手が本当のところはどう思っているかは死ぬまでわかりません。

逆に、今のＡＩは相手の好みを全部学習していける能力を持っています。他人よりもＡＩのほうがよく理解してくれる。人間以上に愛着心が湧《わ》くかもしれませんよ。ある

ＡＩに飽《あ》きて、別のタイプのＡＩに替えるということも大いにあります。もちろん全員が全員、対ＡＩになって、生殖《せいしょく》しなくなり人間が滅亡《めつぼう》するわけではなく、ＡＩとの関わり方もあるし人間との関わり方もある、そういう多様な付き合い方を選んでいけるようになるでしょう。

『饗宴』のいちばん面白いところは、私たちが前提にしていた愛というものの狭さを打ち破ってくれるところです。人間の男性と女性という形態の愛は前提にはなく、肉体的なものだけの愛も想定されていません。そのうえで、愛の向かう先は様々な形で可能だということを示しました。

知の枠組《わくぐ》みが大きく変わり始め、今までの人間的な愛の形態に地殻変動《ちかくへんどう》が起こっている今の時代に、本書を読んで多様な愛の形を考えてみましょう。

岡本裕一朗

1954年福岡県生まれ。玉川大学文学部名誉教授。九州大学大学院文学研究科哲学・倫理学専攻修了。西洋の近現代哲学を専門とし、哲学とテクノロジーの領域横断的な研究をしている。著書に『いま世界の哲学者が考えていること』（ダイヤモンド社）、『フランス現代思想史』（中公新書）、『12歳からの現代思想』（ちくま新書）、『モノ・サピエンス』（光文社新書）、『哲学の世界へようこそ。』（ポプラ社）など多数。

不可知《ふかち》の空の彼方《かなた》へ

小説家
宮澤伊織《みやざわいおり》

『戦闘妖精《せんとうようせい》・雪風《ゆきかぜ》〈改〉』◆
神林長平《かんばやしちょうへい》
ハヤカワ文庫JA

「恋」と「愛」と「性」はそれぞれ違《ちが》うものなのに、それらが一つの同じものだと思《おも》い込《こ》むことがいろいろな間違いのもとなのだ——と教えてくれたのは、大学の民俗学《みんぞくがく》の講義で出会った文化人類学の先生でした。そのころのわたしは、恋と愛と性、どの要素の解像度もめちゃめちゃに低いぼんやりした学生でしたが、なるほどなあと感心したのを憶《おぼ》えています。ぼんやり具合は今もたいして変わらないかもしれません。

だとすると、「恋」という得体の知れないものは、それ単体で、いきなり人間に襲《おそ》いかかってくる可能性があるということになります。相手にどう思われるかとか、関係が長続きするかどうかとか、そもそも関係が成立するかとか、自分や相手の性別とか、男が好きとか、女が好きとか、そういう現実的な事情にはいっさい関係なく。

相手が何歳《さい》でも、愛する人がいても、結婚《けっこん》していても、他に恋人がいても、相手に会ったことがなくても、相手が実在しないフィクションのキャラクターでも、あなたは突《とつ》然《ぜん》、恋に落ちるかもしれない。人間の都合なんか一顧《いっこ》だにせずに訪れる、抗《あらが》いがたい突然の衝動《しょうどう》――恋にはそういう、恐《おそ》ろしいところがあります。

時代や場所がどんなに移り変わっても、そこに人間がいる限り、「恋」は常につきまとい、人を悩《なや》ませ続《つづ》けるのかもしれません。しかし、時代や文化、周囲を取り巻く状《じょう》況《きょう》によって、「恋」の現れ方は少しずつ変化していきます。遠い未来や宇宙の彼方といった、想像の限りを尽《つ》くした世界を描《えが》くＳＦ（サイエンス・フィクション）というジャンルでは、そうして姿を変えた「恋」が語られることがあります。

試しに、ここで考えてみましょう。

人間は、人間ではないものに対して、恋をすることがあるでしょうか。

結論から言ってしまいますが、あります。たとえば、特定の建物や物品などに恋愛感情を抱《いだ》く「対物性愛」という性的指向が知られています。これは今の世の中では「倒錯《とうさく》」とか「症状《しょうじょう》」として分類されて、「異常なもの」として見られる場合がほとんどです。

しれっと「性」と「愛」が出てきましたね。この文章を最初から読んでいるあなたはもう、「恋」と「愛」と「性」をごっちゃにした話を見ると、あれ？と思うようになっているかもしれません。

一方で、今まさに恋愛の渦中《かちゅう》にあるあなたは、うるせーこっちは毎日心がぐちゃぐちゃで大変なんだ、知った風な口を利いて混ぜっかえすな、と不愉快《ふゆかい》な思いをしているかもしれないですね。わかる。すまんな。

でもSFはそういう意地の悪さというか、空気の読めなさというか、面白さ優先のところがあるジャンルなので、悪いがもうちょっと知った風な口を利かせてもらいたい。

ここで文体も変えることにしよう。妖精を見るには妖精の目がいるのと同様に、妖精を語るにはそれに相応《ふさわ》しい言葉が必要だ。ですます調で通すには、この妖精は少々荷が重い――。

　では諸君、前置きが長くなったが、座ってくれ。ブリーフィングを始める。

　南極大陸に突如《とつじょ》出現した超空間通路《ちょうくうかんつうろ》から、謎《なぞ》の侵略者《しんりゃくしゃ》が地球へと侵攻《しんこう》を開始した。異星体〈ジャム〉と呼ばれるこの未知の存在を迎《むか》え撃《う》つため、地球人は〈通路〉の先に発見された惑星《わくせい》・フェアリイに軍を派遣《はけん》。空軍のみで構成されたこの超国家的軍事組織は、FAF（フェアリイ・エア・フォース／フェアリイ空軍）と名付けられた。

　そのFAFの中に、仲間からも死神として嫌《きら》われるエリート部隊がある。特殊戦《とくしゅせん》第五飛行戦隊。彼《かれ》らの任務は、ジャムと人間との戦闘《せんとう》を観察し、記録し、たとえ仲間を見殺しにしようとも、基地へ生還《せいかん》して情報を持ち帰ることだ。行って戻《もど》るのが任務の、通《つう》称《しょう》〈ブーメラン戦隊〉。そこに所属する深井零中尉《ふかいれいちゅうい》は、この任務のために作られた最強の戦術電子偵察機《せんじゅつでんしていさつき》スーパーシルフのパイロットだ。愛機のパーソナルネームは、〈雪風〉。

　これが『戦闘妖精・雪風〈改〉』の舞台設定《ぶたいせってい》だ（もとは1984年に書かれた『戦闘妖精・雪風』という小説で、〈改〉というのは、2002年に加筆訂正されたときについた記号だから、読むときは〈改〉から手をつけてまったく問題ない)。

ジャムとの空戦を生き延び、絶対に帰還するために、雪風の戦闘能力と飛行性能は恐ろしく高い。さらに雪風を特徴《とくちょう》づけているのが、その頭脳だ。挙動が予測できないジャムに対して臨機応変の対応ができるように、雪風の電子頭脳は凄《すさ》まじい計算能力を備えている。

つまり、雪風は思考する戦闘機なのだ。「人間のように」? 違う。雪風の思考速度は人間よりはるかに速く、その思考プロセスは人間とはまったく異なっている。

雪風には人間らしいところがいっさいない。

完全にコンピュータ制御《せいぎょ》された雪風の機体の中で唯一《ゆいいつ》、コックピットの中に座るパイロットの深井零だけが、機械ではない部品だ。

零は、雪風を理解しようとしている。

零は、雪風が理解できずに戸惑《とまど》っている。

零は、雪風が理解できると思うことがある。

その間ずっと、雪風は、零を観察し、分析《ぶんせき》し、自分にとって必要なパーツかどうかを冷徹《れいてつ》に見極めている。

人間社会の中では、零はいわゆる「人間らしい」人間ではない。他人に興味を抱かず、感情的にもならず、ものごとへの関心もひどく薄《うす》い。そんな人間でなければ、仲間を見殺しにして帰還するブーメラン戦隊の任務には耐《た》えられない。ところが、雪風と相対したとき状況は一変する。雪風はパイロットがいなくても自分で思考し、判断し、敵を撃《げき》墜《つい》できる。そんな雪風にとって必要な存在であり続けるために、零は雪風を理解しようとする。

人間が、自分ではない誰《だれ》かに惹《ひ》きつけられ、夢中になり、その相手を知りたいと思い、あるときは理解できたと思って喜び、あるときはなにもわからないと嘆《なげ》き、それでもなお知りたい、近付きたいと熱望するなら、恐らくその状態は恋と呼ばれる。

ならば、零の雪風に対するそれを、人間から機械への恋と見なすこともできるだろう。本物の機械の前では、「機械のような人間」である零でさえ、あまりにも「人間」なのだ。

では、雪風は零をどう思っているのか？

その答えはない。誰にもわからない。

なぜなら、機械の思考を人間は理解できないからだ。

しかし、実はそれは、人間と機械でも、人間と人間でも変わらないのかもしれない。

あなたが「恋」をするときもきっと同じだ。零と雪風のように、未知の相手を理解しようとしながら、不可知の空を飛び続けるしかないのだ。その空は切なく、恐ろしい場所だが、遥《はる》かな高みへも通じている――その美しさと凄《すさ》まじさに憧《あこが》れて、人は恋をするのだろう。

宮澤伊織
秋田県生まれ。2011年『僕の魔剣が、うるさい件について』（角川スニーカー文庫）でデビュー。2015年「神々の歩法」（『折り紙衛星の伝説　年刊日本SF傑作選』創元SF文庫所収）で創元SF短編賞を受賞。冒険企画局に所属し、「魚蹴」名義で『インセイン』（新紀元社）などTRPG（テーブルトーク・ロールプレイングゲーム）の世界設定やリプレイも手がける。著書に『裏世界ピクニック』シリーズ（ハヤカワ文庫JA）、『そいねドリーマー』（早川書房）など。

アンドロイドと心は通じるのか

脳科学者
藤《ふじ》井《い》直《なお》敬《たか》

『ねじまき少女』◆
パオロ・バチガルピ
田中一江・金子浩 訳
ハヤカワ文庫SF

テクノロジーの発展や環境問題《かんきょうもんだい》の果てに、未来はどういうものになって、そこで人はどういうふうに生きていくのだろう？　人工物が人間と同じように動く社会で、人の恋はどうなっていくのだろう？　そういう興味から僕《ぼく》はＳＦをよく読みます。最近は中国や東南アジアを舞台《ぶたい》に、１９６０〜１９８０年代の圧政の時代から近未来までを描《えが》く作品が多く発表されています。その中で『ねじまき少女』は僕の中でトップに入る物語です。

石油が枯渇《こかつ》し、疫病《えきびょう》と農作物への伝染病が人類の生活を脅かしている近未来。タイ国環境省、通産省、他国のバイオテクノロジー企業《きぎょう》、中国系難民、そして「ねじまき」と呼ばれるアンドロイドなど、さまざまな立場の人々の思惑《おもわく》が入り乱れ、物語が展開する冒険活劇《ぼうけんかつげき》です。

主人公の一人はねじまきのエミコ。エミコは日本の金持ちにタイに連れられて来て、挙句《あげく》の果てに捨てられました。この物語世界のタイでは、アンドロイドは異端《いたん》として扱《あつか》われているので、エミコは裏の社会で生きています。そんな人工物である彼女《かのじょ》が、人とコミュニケーションをとることで、物語が進みます。人とアンドロイドを問わず、この作品の登場人物は生きていく強さを持っていますが、人工物の少女が物語の中心になっているのがとても魅力的《みりょくてき》な設定です。

SF作家のアイザック・アシモフが提唱したロボット工学の3原則では、ロボットは基本的に人に危害を加えたらいけないということになっています。たしかにロボットやアンドロイドに襲われたら人間社会は崩壊しますものね。でも、それは生き物といえるでしょうか。たとえば人間の飼い主に危害を加えられそうになったら、ペットだって飼い主の手を噛《か》んで逃《に》げていい。それが生き物として当然の行動と思います。

エミコにもその生存本能が実装されています。ねじまき全体を憎《にく》む人物から殺されかけて、エミコは死にたくないという一念で反撃《はんげき》し、極限状態に陥《おちい》って能力を覚醒《かくせい》させます。そして、追われているときに助けてくれたアンダースンという西洋人工場経営者と恋に落ちます。人と人は、頭で考えてどうなるものだけでもなくて、その時その場の流れがうまくマッチすると結びつく。

アンダースンは、エミコが前に仕えていたゲンドウと違《ちが》って、彼女を自分の玩具《がんぐ》、部下としてみず、一人の生き物として彼女を認めて、助けました。リスクをとってまで彼女を助ける必要はなかったのに、です。エミコも手配犯になってしまったときに、逃げたらいいのに病に倒《たお》れたアンダースンの面倒を見る。二人とも合理性を超《こ》えて、リスクをとった関係を主体的に選んでいる。こうして、二人の間に、特別な関係が出来上がりました。

脳科学的には、恋は脳の中で起きている特殊《とくしゅ》な状態です。もともと異性を獲得《かくとく》することは生殖《せいしょく》のメカニズムに基づきます。僕らの脳の中にもそれは当然ある。でも、人は他の生物とちょっと違って、発情期が365日ずっとあります。他の生物が生殖のためにものすごく情熱をかける（たとえばメスを獲得するためにオス同士が殺しあう）ようには人間の生活はできていません。かわりに、その情熱に近い状態を恋が作っているのではないでしょうか。そして他のことが手につかなくなったり、意味不明な行動をしたり、合理性を失う状態になるわけです。

人工物との恋というテーマは、フィクションではよく描かれます。未来にはアンドロイドとの恋もあり得るでしょう。

アンドロイドとは人間と同じように心が通じ合うでしょうか？　そもそも相手と心が通じるということは、「あ、今、通じた」というときも「全然通じないな」というときも、全て自分の内的な判断です。勝手な思《おも》い込《こ》みであり、自分で物語を作っているといってもいい。現実も基本的には全部自分の脳が作っていて、外からの入力をもとに物語を作っている。そして脳はそれを信じている。

恋をして、恋愛《れんあい》している間に、相手のわからないところを自分なりに想像して埋《う》めていく作業が続きます。美化したり、勘違《かんちが》いすることも多いかもしれない。だけど他者との関係をタイトにするには、そこに物語で糸を張っていかないといけないのです。で、恋愛期間を経て落ち着いてくると現実に戻《もど》ってきて、「誤解してました」と糸をほどいていく。お互《たが》いが合意できれば楽しい生活は続くし、できなかったらやめればいい。

アンドロイドという物体に触《ふ》れないと、それは存在しないと思うのか。ホログラム的にちゃんといて、会話がきちんとできるのであれば、それでいいとみなすのか。それすらなくてもちゃんとコミュニケーションできれば、大丈夫《だいじょうぶ》と思えるのか。体があるとより短期的な満足は得られますけれどもね。基本的には人間相手にしても、アンドロイド相手にしても、他者とうまくつながりたいという気持ちが満たされればいいわけです。

エミコはラスト、他国との堤防《ていぼう》が決壊《けっかい》して水が流れ込んできたタイで、船に乗って魚を獲《と》って幸せに暮らしています。アンダースンがいなくても生きていけるし、オーバーヒートしたら水に飛び込めばいい。アンドロイドと人間の心が通じ合い、恋が成就《じょうじゅ》して、そして二人で生きていこう、という結末にはなりません。

どの環境でも万能に生きていける生き物はいません。自分に適した場所を見つけて生きていきます。エミコも最後は一人で快適に暮らしている。それでいいんです。皆、人生の半分くらいをかけて居場所を見つけますからね。その途中《とちゅう》でパートナーを見つけること、それがもしかしたら恋かもしれません。

藤井直敬

1965年広島県生まれ。東北大学医学部卒業。同大大学院にて博士号取得。マサチューセッツ工科大学（MIT）McGovern Institute研究員、理化学研究所脳科学総合研究センター適応知性研究チーム・チームリーダーなどを経て、現在ハコスコCEO。主要研究テーマは、適応知性および社会的脳機能解明。2009年『つながる脳』（新潮文庫）で毎日出版文化賞受賞。

センチメントとロマンとエロス

翻訳家
金《かね》原《はら》瑞《みず》人《ひと》

『メタリック』
小《お》佐《さ》野《の》彈《だん》
短歌研究社

日本では昔から、恋といえば歌、歌といえば相聞歌《そうもんか》と相場が決まっている。百人一首でも四十首以上が恋の歌だ。心を打ち明ける歌、その気持ちにこたえる歌、恋にやぶれた悲しさを綴《つづ》る歌、恋が成就《じょうじゅ》した喜びを吹聴《ふいちょう》する歌。

明治になり、和歌から短歌の時代に入っても、歌人の多くは恋を歌ってきた。やはり恋の歌は強い。

たとえば、与謝野晶子《よさのあきこ》。

春みじかし何に不滅《ふめつ》の命ぞとちからある乳《ち》を手にさぐらせぬ
人の子の恋をもとむる唇《くちびる》に毒ある蜜《みつ》をわれぬらむ願ひ
乳ぶさおさへ神秘のとばりそとけりぬここなる花の紅《くれなゐ》ぞ濃《こ》き

若山牧水《わかやまぼくすい》も負けていない。

ああ接吻《くちづけ》海そのままに日は行かず鳥翔《ま》ひながら死《う》せ果てよいま
山奥《やまおく》にひとり獣《けもの》の死ぬるよりさびしからずや恋終りゆく

「負けていない」と書いたものの、こうやって並べてみると、やっぱり牧水は晶子にちょっと負けているかもしれない。
それはともかく、俵万智《たわらまち》の『サラダ記念日』（一九八七年）以降、口語短歌が市民権を得てからも、それは受けつがれていく。そして現代、これらの恋歌の大胆《だいたん》で、多様で、自由なこと。

拾ったら手紙のようで開いたらあなたのようでもう見れません（笹井《ささい》宏之《ひろゆき》）
あとがきのように寂しいひつじ雲見上げてきみのそばにいる夏（大森《おおもり》静佳《しずか》）
ぶゆゆゆゆ雪のさなかを泳ぎゆくきみが呼吸をするだけで好き（石井《いしい》僚一《りょういち》）
あなたのゐない世界、世界にゐないあなた　重たき浮力《ふりょく》もつ夏の雲（藪内《やぶうち》亮輔《りょうすけ》）
せかいにはもういらないの糸鋸《いとのこ》であなたのかたちを切《き》り抜《ぬ》く真昼（國森《くにもり》晴野《はれの》）
どこをほっつき歩いているのかあのばかは虹《にじ》のかたちのあいつの歯形（服部《はっとり》真里子《まりこ》）

などなど例をあげればきりがない。どれもぼくの好きな歌で、どれもじつにセンスがいい。「あなた」や「きみ」や「あいつ」をこんなふうに歌えるなんて、うらやましくてしょうがない。とにかく、最近の若い人の歌集にはこんな感じの恋の歌がちりばめられていて、楽しい。

だが、ここでは、あえて、その対極にある、小佐野彈の『メタリック』（二〇一八年）を取り上げることにした。

顎《あご》ひげを伸《の》ばしはじめた年下の君に覚悟《かくご》を問ひき　痛みの
ぬばたまのソファに触《ふ》れ合《あ》ふお互《たが》ひの決して細くはない骨と骨
はつ夏に袖《そで》を断たれて青年の腕《うで》は真つ赤に照らされてゐる

読む者の胸を容赦《ようしゃ》なくなぐりつける歌の、この迫力《はくりょく》はこれまでなかった。そしてふたりの疎《そ》外感《がいかん》をたたえた歌の、この暗さと力強さも、これまでなかった。

家々を追はれ抱《だ》きあふ赤鬼《あかおに》と青鬼だったわれらふたりは
赤鬼になりたい　それもこの国の硝子《ガラス》を全部壊《こわ》せるやうな
開かれるとき男体は爛漫《らんまん》の春に逆らふ器《うつは》であつた

そしてこんなふうに美しい恋の歌も、これまでになかった。

君にとつて波濤《はとう》が立てば立つほどにうつくしくある社会なる海
血流は雨だと思ふ　扁平《へんぺい》な半身同士ぶつけ合ふとき
鱗粉《りんぷん》のごとく夜空に染みついてまさしく僕《ぼく》らだつた　花火は
秋といふ理由ひとつで会ひにゆく海の匂《にほ》ひの土産《みやげ》を抱いて
軋《きし》むほど強く抱かれてなほ恋《こ》ふる熱こそ君の熱なれ　ダリア
君といふ昏《くら》い滾《たぎ》りにゆれるときわたしはかくもうつくしい舟《ふね》
今夜だけ僕達は銃《じゅう》　窓の外ゆくパレードに溶《と》けたとしても
臨界の果てのつめたき寝台《しんだい》に流木二本ならびゆれをり

さらに、この歌集独特の「恋」の生々しさが、新宿歌舞伎町《かぶきちょう》、新宿二丁目・三丁目、花園神社、風林会館前などを彷徨《ほうこう》する連作にみなぎっている。とくに叙々苑《じょじょえん》でふたりして焼き肉を食べる場面が素晴らしい。

獣肉《じゆうにく》を男同士で喰《く》ふことの罪／そののちのあひみての罪
肉は焼かれ白き煙《けむり》は霧散《むさん》して僕らにはもう、もうなにもない
僕たちは流転《るてん》してゆくだけだから凭《もた》れあひつつ次へ行かうか

作者は、東口ロータリーで「ぐちやぐちやに絡《から》まつたまま溶けゐつつあらむ　始発を待つ藻屑《もくず》たち」とあたりをながめ、中央本線特急「かいじ」をみて、「ふるさとに向かふ特急見送つて徐々《じよじよ》にほどかれてゆく僕らだ」「薄雲《うすぐも》のやうにおぼろな約束のことば交はしてひとりで帰る」とつぶやき、最後に次の一首を添《そ》える。

空と海しかと分かたれたるままに無色の冬を、冬を待ちをり

背骨を走る戦慄《せんりつ》と快感、絶望と裏合わせの希望、そして祈《いの》り。現実においても、小説や詩歌においても、恋をどうみせるか、どう表現するか、どう演出するかは、時代によって変わっていくが、その根底にあるのはセンチメントとロマ

ンとエロスなのだと思う。そのことをこれほど切実に感じさせる歌集は――いや、詩集や小説もふくめ――めったにない。小佐野彈の『メタリック』は、ずば抜《ぬ》けて現代的な意味において、センチメンタルでロマンティックでエロティックだ。

現代短歌は、この恋の歌集でさらに新しい地平が開けた。『メタリック』が出版されたとき、この日本にいたことを喜びたい。

最後にひと言。恋を読みたい人は、ぜひこの歌集を。究極の恋、普遍的《ふへんてき》な恋、自分だけの恋、すべての恋が現代の生き生きした言葉で写し取られている。

金原瑞人
1954年岡山県生まれ。法政大学教授。特にヤングアダルト（YA）の分野で精力的な翻訳活動を行う。80年代より新聞、書籍、雑誌などで国内外のYA書評を執筆。ジョナサン・ストラウド『バーティミアス サマルカンドの秘宝』（理論社）をはじめ、手がけた翻訳書は550冊を超える。監修に『12歳からの読書案内』シリーズ（すばる舎）、共著に『翻訳者による海外文学ブックガイド BOOKMARK』（CCCメディアハウス）など。

Ⅱ

七つの恋の結末

WORLDLY WISDOM
FOR 14 YEARS OLD

恋とも知らない

詩人・小説家
小池昌代

『たけくらべ』◆
（『にごりえ・たけくらべ』所収）
樋《ひ》口《ぐち》一《いち》葉《よう》
岩波文庫

『たけくらべ』には、移りゆく、さまざまなものの姿が描《えが》かれている。八月二十日、千《せん》束《ぞく》神社の祭より始まり、十一月は大鳥《おおとり》神社の酉《とり》の市《いち》、ラストシーンは霜《しも》の朝とあるので、もうだいぶ肌寒《はださむ》くなった初冬である。その移ろいの中に、あと一歩で大人になろうという子供たちの踏《ふ》みとどまるような時間が、水に映る影《かげ》のごとく写されていく。文章は、擬古文《ぎこぶん》とも雅俗折衷体《がぞくせっちゅうたい》ともいわれる流麗《りゅうれい》な文体で、会話は日常の現代俗語、地の文は雅《みやび》な古文というもの。現代の私たちには馴染《なじみ》にくいが、何度か読むうちには、作品の命が、この文章にありと感じられてくるはずだ。

舞台《ぶたい》は大音寺前《だいおんじまえ》。近くには吉原《よしわら》の一大遊郭街《ゆうかくがい》が控《ひか》えている。主な登場人物を拾っておくと、まずは鳶職《とびしょく》の頭《かしら》を父に持つ十六歳《さい》の長吉《ちょうきち》。その彼《かれ》が、学《もの》が出来るからと頼《たよ》りにしているのが、龍華寺《りゅうげじ》の生臭坊主《なまぐさぼうず》を父に持つ信如《しんにょ》（十五歳）である。一方に、本作のヒロイン、勝ち気な美登利《みどり》がいて、数えで十四。姉は大巻《おおまき》という名の売れっ子の花魁《おいらん》、父も母も遊郭関連の仕事をしている。一家をあげて紀州《きしゅう》から出てきた。この美登利を姉のように慕《した》う十三歳の正太郎《しょうたろう》は、質屋を商《あきな》う祖母を助けて二人暮らし。母は正太が三歳のとき亡《な》くなり、父は田舎の実家に帰ってしまった。他に、おどけもの、反歯《そっぱ》の三五郎や、丑松《うしまつ》、文次の名前も見える。

美登利と信如は、互《たが》いが気になりながら、その関係は反り合うばかり、相手への恐《おそ》れや反発が先に立ち、二人の間には、「大川一つ横たわりて」と書かれている。はたから見れば、初恋《はつこい》だが、当事者たちは自分の気持ちに、恋という字を当てることも知らない。

おきゃんな美登利が静かになった、その変貌《へんぼう》ぶりをめぐって、かつて起こった文学論争があった。初潮説が定説であったところへ、作家の佐多稲子《さたいねこ》が、初潮などではない。水揚《みずあ》げがあったのだと主張した。私自身も初潮説にはうなずけない。初潮というのは、当人にとって、まずは生理現象だ。周囲から「これで女になった」という眼差《まなざ》しで見られても、本人のなかでそれが性行為《せいこうい》に結びつくには、まだ若干《じやつかん》の時間を要すると思う。一方の水揚げ説の方に説得されるが、仮に水揚げがあったとしても、それは佐多稲子も言うように、正式のお披露目《ひろめ》でなく、郭《くるわ》という裏社会で取り決められた、一種、事前練習のようなものではなかったか。何《いず》れにしても、美登利は自分の運命をはっきりと知った。彼女《かのじよ》の言う「大人に成るは厭《い》やな事」というのが、私には女になるのが厭と聞こえる。

美登利を慕う正太は、彼女がいつか花魁になることを知っていて、「可憐《かわい》さうだ」と言うのであるが、それを聞いていた団子屋の頓馬《とんま》は、来年から商売を工夫してお金をこしらえ、それを持って（美登利を）買いに行くのだと言う。正太がどんな顔でそれを聞いたか、作者は書いていないが、「お前はきっと振《ふ》られるよ」というせりふを、ようやくのように吐《は》かせている。

それにしても、幼馴染を買うとはどういうことか。金さえ積めば、此処《ここ》、吉原では、いつか美登利を買うような男になるのではないか。それはまったくわからないけれども、読者はそれを、予感のなかに見てしまう。

長吉にしても、吉原からの帰りかと覚《おぼ》しき朝、下駄《げた》の鼻緒《はなお》を切ってしまった信如と遭《そう》遇《ぐう》し、自分の下駄を差し出してやったのはよいが、「後刻《のち》に学校で逢《あ》はうぜ」と言う。遊郭と学校とが廊下《ろうか》のように繋《つな》がっている。それをここでは誰《だれ》も不思議に思わない。「御《ご》出世《しゆつせ》といふは女に限りて、男は塵塚《ちりづか》さがす黒斑《くろぶち》の尾《お》の、ありて用なき物とも見ゆべし」。これこそ、遊郭の表向きの原理で、すなわち出世するのは女だけ、男というのはゴミの山をあさる黒ぶち犬の尾のように、あっても無駄《むだ》なものらしいと一葉は書いている。しかし出世といっても、我《わ》が肉体を商品にして、それを多少高く売ったにすぎぬ。華《はな》やかさもまぶしさも、そこに気づいてしまえば、すべてが色あせる。そのとき長吉から投げつけられた罵《のの》り言《し》葉——女郎《じよろう》め、姉の跡継《あとつ》ぎの乞食《こじき》め——が、美登利の身の内に浸透《しんとう》してくるのではないか。美登利が親からも遊郭関係者からも、ばかに大切に扱《あつか》われるのも、近い将来、金になると思われているからなのだ。

信如は聖なる宗教の徒へ。美登利は俗《ぞく》の極《きわ》み、遊郭の花魁へ。この聖俗は、入《い》れ替《か》わることが可能としても、二人の向かう方向は全く違《ちが》う。「あなたが好きです」。そういう言葉のかわりに、作中では友禅《ゆうぜん》の端《は》切《ぎ》れや水仙《すいせん》の作り花が配置された。それらを初恋の象徴《しょうちょう》と見るのはもっぱら読者、当事者にとってはモノにすぎない。非情の文学、それが『たけくらべ』だ。

一旦《いったん》、関係が生じれば、あとは衰弱《すいじゃく》か別れしかない。だから、恋、とりわけ初恋は、成就《じょうじゅ》してはならない。私はそう思う。結ばれなければ、いよいよこの世を去るときになって、ああ、あれこそは紛《まぎ》れもなく、生涯《しょうがい》唯一の初恋だったのだと、それぞれの場所、それぞれの胸のうちで、ひっそりと、はっきりと、思い返すことができる。美登利と信如、二人のために、私はそんなふうにも思うのである。これは慰《なぐさ》めから言っているわけではない。

小池昌代

１９５９年東京都生まれ。２０００年詩集『もっとも官能的な部屋』（書肆山田）で高見順賞、２０１０年詩集『コルカタ』（思潮社）で萩原朔太郎賞を受賞。小説作品に『タダト』（新潮文庫）、『たまもの』（講談社）、詩歌の案内に『恋愛詩集』（ＮＨＫ出版新書）、『ときめき百人一首』（河出書房新社）など。

失恋文学《しつれんぶんがく》のススメ

芸人
サンキュータツオ

『白夜《びゃくや》』◆
ドストエフスキー
小沼文彦 訳
角川文庫

「恋」とは何であるか。僕《ぼく》は、気持ちが一方通行の状態だと考えています。自分で深くコミュニケーションをとり想《おも》いを通わせるまでの期間。両想いになると、それはもう「恋愛《れんあい》」です。その時間が長ければ長いほど「愛」に発展するのではないでしょうか。

深くコミュニケーションを取らず、人格をすべてわかった上で好きになっているわけではないので、その恋は思《おも》い込《こ》みレベルのものです。見た目を好きになっただけかもしれません。

そして、人生に絶望するかもしれませんが言っておきます。恋の大半は失恋です。フィクションと現実とを問わず、国や時代の違《ちが》いを問わず、失恋は星の数ほどあります。人気がある人は多くの人から好かれるから人気があるのであって、当然失恋の確率は高くなる。和歌も悲恋を詠《よ》んだものが多いでしょう。日本古来、恋という言葉が使われている文脈はマイナス文脈が圧倒的《あっとうてき》に優位なんです。

恋をした人は、やきもきします。一目惚《ひとめぼ》れして舞《ま》い上《あ》がる、相手に会って舞い上がる、なかなか話しかけられないと悩《なや》む、関係をどうやったら進められるか悩む、嫉妬《しっと》をする。最終的に裏切られる、振《ふ》られる。『白夜』には、そんな恋の状態が全部詰《つ》まっています。

失恋から立ち上がることが人生です。失恋したときの心の耐性《たいせい》をつけるために、この作品をおすすめします。

僕は大学で講師もしていますが、この主人公と同じように、人とうまくコミュニケーションがとれないことに悩む人が実に多い。中学校、高校で、コミュニティから弾《はじ》かれたり、人に嫌《きら》われるのが怖《こわ》くて、目立った行動がとれなかったのかもしれない。大学でも深くコミュニケーションをとることに怯《おび》えを持っているのかな。

『白夜』の主人公の青年はこのタイプ。都会に出てきてから8年間、仕事以外はほとんど人間関係をつくらずに生きています。二十代後半で夢見がちで一人暮らし。

そんな彼《かれ》がある白夜、夜遅《よるおそ》くなってもうっすら明るくて夢か現《うつつ》かわからなくなっている時間に、美しい女性に出逢《であ》います。彼女《かのじょ》、ナースチェンカの話を聞いてみると、恋する人がいたけれども、1年前に別の都市に行ってしまった。そろそろ帰って来るはずなのに連絡《れんらく》がない。ということで、彼なりにコミュニケーションをとろうとします。

しかしドストエフスキーの主人公は、だいたいが饒舌《じょうぜつ》すぎるんです。青年も会った初日にめちゃくちゃ話しかけるというイタい行動をとってしまいます。人との距離感《きょりかん》がうまくつかめていないんですね。何回か会い、思いを募《つの》らせていきますが、「付き合ってください」「結婚《けっこん》してください」という一歩が踏《ふ》み出《だ》せません。

恋は、間違《まちが》っていて、ひとりよがりかもしれないけれど、相手のことを想像する、思いやる気持ちです。相手が今何を求めているか、付き合っている人がいるのかいないのか、観察して見極める。その時間がとても大切です。相手のことを想像する時間、あるいは相手と一緒《いっしょ》にいる物理的な時間。愛情も何もかも、どのくらい時間を費やしたかでしか測れないと僕は思っています（恋愛においては、それが重いタイプもいるから正解はないんですけれど）。

たとえばＬＩＮＥで個人間でのやり取りにこぎつける、次の日曜日に空いてるかどうかを聞く、相手の返事を、返信する様子や気持ちを想像しながら待つ。相手からしても、そもそも誘《さそ》ってくる側の好きの度合いがよくわからない。既読《きどく》をつけずにスルーする、既読スルーする、ちょっと含《ふく》みをもたせた返事をする、相手を傷つけるようで怖くて断らず曖昧《あいまい》に返事をする、など、選択肢《せんたくし》もいろいろ。お互《たが》い、相手の動きや気持ちを想像しながらコミュニケーションすることになる。さらにこの状態が、友達として仲が良いのか、それとも相手に異性として見てもらっているのか、あるいは相手に自分以外の好きな人がいるのか、一体どれなのか。一個ずつクリアにしていく。

つまり、恋は、時間をかけて、ひたすら想像の筋肉を使う訓練なんです。学問も同じなんですよ。推理があり、証言や証拠《しょうこ》があり。答えがすぐに導けない場合も暫定解《ざんていかい》を一応出す。ちゃんと観察していれば「高い確率であの子と付き合ってるんじゃないかな」

と導かれる。一見たいへんかもしれませんが、頭を使って考えることが、最終的には人間的な成長につながるので、がんばりましょう。

さて、『白夜』の主人公は、相手が元恋人と今は連絡が途絶《とだ》えていることがわかり、淡《あわ》い期待をもちます。どんどん想像し、仲良くなって天を舞うような気持ちになりますが、最後、その相手が帰って来て元鞘《もとさや》におさまってしまう。

つらいですね。期待だけもたされて、最後に梯子《はしご》を外されてしまった。ナースチェンカはナースチェンカでリアルに二人の間で揺《ゆ》れていて、期待をもたせてしまった、結果的に青年を傷つけてしまった、どうしよう、という罪の意識もたぶんあるのですが。

かように恋の過程では大きな誤解も生みがちですけど、少なくとも自分の気持ちと向き合う機会は増えます。自分の気持ちが受け入れられなかったからといって、恨《うら》むのは時間の無駄《むだ》です。

『白夜』は、異国の100年以上前の作家が書いた小説ですが、「報われないのは自分だけじゃない、成就《じょうじゅ》しない恋であっても、昔からこういうふうに対処してきたんだな、人間は」と共感できる作品です。傷ついたときにガンバレソングを聴《き》くよりは、気持ちを受け止めてくれるでしょう。

そして、ドストエフスキーの主人公はおおむね、中二病《ちゅうにびょう》のオタクです。それやっちゃダメダメダメダメダメダメ！ということをいっぱいしています。「ダメだなぁ。こうすればうまくいくのに」と客観的に味わって、ひるがえって自分をも客観視する媒体《ばいたい》として恋愛小説とかマンガを読んでもらいたい。うまくいかなかったパターンを疑似体験で味わって、知れば知るほど、ここ一番で成就させられる可能性も高まります。

そもそも恋はとてもパーソナルな感情で、いろいろな形があります。男の場合は性欲と混同する時期もたぶんありますし、自分本位か相手本位かでだいぶ質が変わってきます。ひたすら優しくしたい人もいれば、独《ひと》り占《じ》めしたいという強い気持ちをもつ人もいる。とてもじゃないけど友達や先生、お母さんには絶対言えないという恋もあるでしょう。その気持ちをわかってくれて、さすってくれる小説やマンガが世間にはいっぱいあります。失恋文学を、たくさん読んでください。

サンキュータツオ

１９７６年東京都生まれ。芸人。早稲田大学大学院文学研究科博士後期課程修了。漫才コンビ「米粒写経」として活躍する一方、一橋大学非常勤講師も務める。著書に『学校では教えてくれない！　国語辞典の遊び方』『ヘンな論文』（角川文庫）、共著に『ボクたちのＢＬ論』（河出文庫）など。

恋の恐怖《きょうふ》

イラストレーター
死後くん

「桜の森の満開の下」◆
（『桜の森の満開の下・白痴 他十二篇』所収）
坂口安吾
岩波文庫

昭和の歌謡曲《かようきょく》に『恋の奴隷《どれい》』という歌がありまして、「♪あなたと逢《あ》ったその日から恋の奴隷になりました」というすごい歌い出しの曲です。

現代社会において奴隷制度はもってのほかですが、恋愛関係《れんあいかんけい》においては、自分と相手との《好き》の度合いによって、奴隷と支配者のようないびつな関係になってしまうことが少なからずあります（「惚《ほ》れたが負け」なんて言葉もあるように）。

「桜の森の満開の下」という小説は、けして「恋愛とはなんぞや」みたいな内容ではないのですが、恋愛におけるいびつな関係性を描《えが》いた「恋愛ダークサイド小説」として読むことができると思います。

この物語に出てくる「山賊《さんぞく》」と「女」の関係は《山賊が女をさらって監禁《かんきん》する》という状況《じょうきょう》だけ見れば、山賊が支配者で女が奴隷、ということになりますが、そんな単純な関係ではありません。女は、山賊がこれまでさらってきた女房《にょうぼう》たちを見て「斬《き》り殺《ころ》しておくれ」と言います。奴隷であるはずの女からそう言われた山賊は、はたしてどうするのか。残酷《ざんこく》でグロテスクな描写《びょうしゃ》も多いですが、同時に美しく幻想的《げんそうてき》で、切ない物語でもあります。

若いみなさんが恋愛小説として読むにはちょっと極端《きょくたん》かもしれませんが、極端なものを疑似体験できるのも文学の醍醐味《だいごみ》の一つだと思うので、あえてこの作品を選んでみました。

この小説を読んだ後ではお花見の時の気分が少し変わってしまうかもしれませんが。

満開の桜の下では
人は気が変に
なってしまうとか…
桜の森の満開の下
それは誰《だれ》かに恋をした時の
ような感じかもしれません
ドキドキ
胸がドキドキして
ずっと好きな人の
ことばかり考えて
しまうあの感じ…
恋ってステキ♪
でも
はたして
それだけで
しょうか？
―犯行の動機は
恋愛感情のもつれ
と思われ―

誰かに恋をすると
その人に近づきたく
なります
こ、これ 君にやるよ
焼いて食うとウマイぞ
ケロリ
嫌《いや》よ、気《き》色《しょく》悪い 私、キレイなものが好きなの
その人のことが
知りたくなります
わかった ちょっとまってろ
タタタ
あの人は何が好きで
何が嫌《きら》いなんだろう
ハァハァ
ほれ キレイだろ
嫌よ 花なんか 枯れるでしょ
どうすれば喜んで
くれるのかしら
ハァハァ
じゃあ これはどうだい 宝石みたいだろ
ビー玉じゃない つまらないわ

相手に振《ふ》り向《む》いてほしくて
必死に頑張《がんば》ります
普通《ふつう》ならそこまで無理して
やらないことも
恋で「気が変」になっていると
やれてしまったりします
ゼェ
ハア
ゼエ
ハア
俺《おれ》が飼ってる鳥、あげるよ
チッチキ
チー
かわいいだろ？
チッチキ
チ〜
チッチキ
チ
やかましい声……
のどをひねりつぶしてちょうだい
それは恋の力であり
恋の怖《こわ》さでもあります
え……
チ？
どうしたの？

ドドドド
私のためならできるでしょ
ドドドドドド
桜の森の満開の下

死後くん

1977年愛知県生まれ。雑誌「POPEYE」連載の漫画『ジョン&ポール』(マガジンハウス)、NHK総合『おやすみ日本』の「眠いい昔話」コーナー、河出書房新社「ごきげん文藝シリーズ」装画、『失敗図鑑』(大野正人著、文響社)、絵本『ごろうのおみせ』(ごろう作、岩崎書店)他、紙媒体をはじめ、TV、WEB等、様々な媒体で活躍。玄光社より漫画『I My モコちゃん』を出版。「ペンネームが縁起が悪い」との理由で仕事が決まらないこと多々あり。

センチメンタル・マーダー

小説家
皆川博子《みながわひろこ》

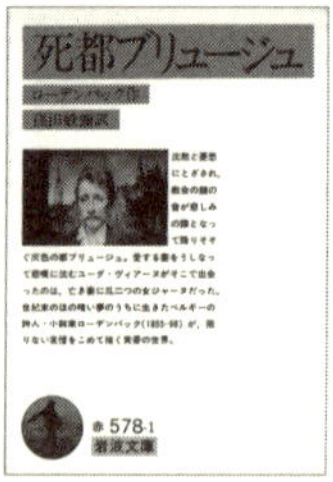

『死都ブリュージュ』
ローデンバック
窪田般彌《くぼたはんや》 訳
岩波文庫

あらすじだけを取り出せば、愚《おろ》かな恋の話です。最愛の妻を失った中年の男が、生きる意欲を失い、死の影《かげ》が漂《ただよ》う静かな街ブリュージュに隠棲《いんせい》する。そこで容姿も声も亡《な》き妻に酷似《こくじ》した女に遭遇《そうぐう》し、心を奪《うば》われ、特別な関係になる。人に卑《いや》しまれがちな職業に就《つ》いていた女は、外貌《がいぼう》こそ妻と瓜二《うりふた》つであるとはいえ、性情《せいじょう》はまったく異なり、男を金《かね》蔓《づる》としか見ていない。亡き妻を冒瀆《ぼうとく》する行為《こうい》をしている女を目にした男は、激昂《げきこう》のあまり女を殺す。

現代の視点から言えば、男の身勝手さが露《あら》わな話でもある『死都ブリュージュ』の評価を高からしめているのは、物語のすべてに浸透《しんとう》したブリュージュという都市の特異な陰翳《いんえい》と十九世紀末の雰囲気《ふんいき》を、濃密《のうみつ》にあらわした表現力でありましょう。

恋という不条理な情動《じょうどう》が、どこまで人の理性を突《つ》き崩《くず》すか。それを書き切ったのはD・H・ロレンスの短篇《たんぺん》「プロシア士官」です。灼熱《しゃくねつ》の地を行く軍隊。大尉《たいい》は彼《かれ》の従卒《じゅうそつ》に異様なまでに惹《ひ》きつけられる。生易《なまやさ》しい感情ではない。身分は下の同性から視線をそらすことができない自分自身を、大尉は許容しない。彼の恋情《れんじょう》の発露《はつろ》は嗜虐的《しぎゃくてき》な行動となる。その経緯《けいい》が、絵具を厚く盛り上げた油彩画《ゆさいが》のように描《えが》かれます。破滅《はめつ》以外に、結末はない。ライ麦も白く燃え上がるような苛《か》酷《こく》な暑さが、殺意にまで高まる激情をさらに誘《さそ》い出《だ》すかのようです。

ローデンバックの『死都ブリュージュ』に話を戻《もど》します。

中世、バルト海と北海の沿岸都市の多くは、商業上ゆるやかな絆《きずな》に結ばれていました。その繋《つな》がりは同盟《ハンザ》と呼ばれました。国家が、まだ確固たるものではなかった時代です。

運河の美しさで有名な水都ブリュージュ——北のヴェネツィアとも呼ばれます——は、ハンザ都市の一つとして海上交易で大きい利をあげ繁栄《はんえい》し、十三世紀から十五世紀にかけて、商業的な成功をおさめたのみならず、文化水準がきわめて高く、すぐれた芸術家、建築家が業績を残しています。

しかし、十六世紀以降、繁栄はアントワープに奪われ衰退《すいたい》します。

ブリュージュと海を繋ぐ港湾《こうわん》に土砂が堆積《たいせき》し船の入港を困難にしたのも、衰退の原因の一つでした。

新たな運河が開かれ、ブリュージュが商業都市として復活するのは、十九世紀になってからです。

一八五五年フランドルに生まれ、パリに遊学してデカダン派、象徴派《しょうちょうは》の詩人ヴェルレーヌやマラルメなどと面識を得、ボードレールの『悪《あく》の華《はな》』に魅了《みりょう》されたローデンバックは、ブリュージュを、再興の活力に満ちた商業都市ではなく、繁栄から衰亡への過去が揺蕩《たゆた》い、運河には生気《せいき》のない水がよどみ死の幽暗《ゆうあん》が空気を濡《ぬ》らす、うら寂《さび》しい灰色のトポスとして描出《びょうしゅつ》しました。

妻の死後、この街に居を移した男は、亡き妻の持ち物や彼女《かのじょ》が身をくつろがせた椅子《いす》、奥底《おくそこ》に彼女の顔がひそむ鏡などに囲まれて物憂《ものう》い日々を過ごします。ことに彼が大切にしているのは、彼女から切り取った一房《ひとふさ》の髪《かみ》の毛でした。〈難船から救いだされた錨索《いかりづな》〉である編み毛をガラスの器《うつわ》におさめ、聖遺物《せいいぶつ》のように扱《あつか》います。冒頭《ぼうとう》に記したように、彼は妻と酷似した女と出会い、妻の代替物《だいたいぶつ》としてつきあうのですが、似ているのは表面だけであることに次第に気づきます。亡妻については、彼女を崇拝《すうはい》する夫の視点からのみ描かれるので、実態はわかりません。たぶん、容姿が彼の好みに合うだけではなく、立《た》ち居振《いふ》る舞《ま》いにおいても彼の理想どおりだったのでしょう。男性優位の女性観は、昭和の日本にも根強く蔓延《はびこ》っていました。その残滓《ざんし》が現代の生活からは消えていますように。

あらすじからはみ出す部分の多くはブリュージュの街を描くことにあてられ、ここに本作の魅力はあります。色彩《しきさい》のない写真が数多く添《そ》えられています。人影はほとんどなく、建物とそれを映す水《み》の面《も》が、真の主人公がこの死都であることを示しています。べルギー象徴派の画家フェルナン・クノップフが描いた「見捨てられた街」は、本作にインスパイアされた作品です。

妻の髪を、襟巻《えりま》きみたいに首に巻いてはしゃいでいる女を見た彼は、逆上し、その髪で女を絞《し》めあげます。

沈黙《ちんもく》の中に、鐘《かね》の音が窓から流れ入ります。「死んだ……死んでしまった……死の都ブリュージュ」

皆川博子

１９３０年旧朝鮮京城市生まれ。東京女子大学外国語科中退。１９７３年に「アルカディアの夏」で小説現代新人賞を受賞し、以後、ミステリ、幻想小説、歴史小説、時代小説とジャンルを超えて活躍中。著書に『死の泉』『開かせていただき光栄です―DILATED TO MEET YOU―』（ハヤカワ文庫）、『薔薇忌』（実業之日本社文庫）、『倒立する塔の殺人』（ＰＨＰ文芸文庫）、『Ｕ《ウー》』（文藝春秋）、『辺境図書館』『彗星図書館』（講談社）、『皆川博子コレクション』全10巻（出版芸術社）など多数。２０１３年日本ミステリー文学大賞、２０１５年文化功労者。

恋心を深読みできる〝信用できない語り手もの〟の名作

劇作家・演出家
三《み》浦《うら》直《なお》之《ゆき》

『日の名《な》残《ご》り』◆
カズオ・イシグロ
土屋政雄 訳
ハヤカワepi文庫

初めて読んだのは、高校生の頃《ころ》です。舞《ぶ》台《たい》は１９５６年のイギリス、主人公のスティーブンスはとても生真面目《きまじめ》な中年の執事《しつじ》で、日頃から執事の品格について考え、最高の執事であるように自分を律して忠実に生きています。長年の主人・ダーリントン卿《きょう》がお屋敷《やしき》を手放したため、今はジョーク好きのアメリカ人のファラディに仕えていて、生真面目な彼《かれ》は新しい主人にたまにジョークを返してみるのですが、あまり上手でないためわかってもらえず、怪訝《けげん》な顔をされるばかりです。

彼はある日、前の主人のもとで20年前まで一緒《いっしょ》に働いていた女中頭《じょちゅうがしら》のミス・ケントン――今は結婚《けっこん》しているのですが――から久しぶりに手紙をもらいます。その内容から、彼女《かのじょ》の結婚生活がうまくいっていないのではと想像し、また屋敷に戻《もど》ってきたいのではないかと早合点した彼は、彼女を訪ねるために車で短い旅に出ます。

その道中で彼がつらつらと思い出す20年以上前の出来事――ダーリントン卿のことやお屋敷で行われた数々の重要な国際会議、そしてミス・ケントンとの淡《あわ》い思い出が回想として、彼の一人称《いちにんしょう》で語られていく物語です。

が、この語り手であるスティーブンスが曲者《くせもの》なんです！　彼は明らかにミス・ケントンに恋をしているのに、その気持ちを全く語らない、それどころか恋心を否定し続けます。僕《ぼく》は読みながら「好きじゃないとかって言ってるけど、彼女のことめちゃめちゃ好きじゃん！」とやきもきしながらスティーブンスにツッコミを入れていました。まさに彼は「信用できない語り手」。彼が語る言葉の裏を読む、書かれていないことや想いを想像する、そういった深読みする楽しさがこの作品にはあります。

今、ＳＮＳを見ていると、書かれた言葉そのものだけが正しいとされているというか、言葉の裏に意味を付加したり深読みさせたりするのはフェアじゃない、許されないというような、言葉について厳格すぎる時代になっていると感じます。例えば「僕は彼女のことが嫌《きら》いだ」と書かれていたら嫌いでなければならない。

でも本来文学は、実は彼女のことが好きなのにあえて「嫌いだ」と書いて、読者にその裏を読ませるものだと思う。その深読みこそが面白いし、言葉の裏やあえて書かれていない事柄《ことがら》を想像できるのが文学の楽しさだと思うんです。それこそ、僕が文学を好きな理由。

今回、十代や若い読者に推薦《すいせん》する本を探していたとき、語り手の言葉をそのまま受け取るのではなく、その裏側の意味を深読みする楽しさを知ってほしいという思いがあったので、信用できない語り手ものである『日の名残り』を選びました。

恋というのはどこまでも主観的なもので、もしかすると当人のただの思《おも》い込《こ》みなのかもしれない。でも、恋に落ちた瞬間《しゅんかん》に見えていた景色が一変する、とよく言われるように、きっとその瞬間の本人にとっては恋の主観は本当のことなんだと思います。この作品にも「あ、これはスティーブンスが当時心から感じたことだ」と思える場面があります。それが描写《びょうしゃ》です。

今回、約10年ぶりに読み返して、スティーブンスがミス・ケントンとの思い出を語るときには、あたりの空気感や景色の描写が他よりずっと細かくなっていることに気づきました。ほとんどが20年以上前の回想でおぼろげな記憶《きおく》もいろいろ出てくるなか、ミス・ケントンとの思い出の場面では語りの時間がスローになって、当時の霧《きり》の濃《こ》さなど周囲の景色も含《ふく》めて非常に鮮明《せんめい》。それくらい彼女とのことはスティーブンスの中に主観的な思い出として強く残っているんだなと、彼の想いの強さが伝わってきてグッときちゃうんです。

彼女が好きだとは一言も語られない、でも語られないからこそ彼が隠《かく》している本心、または彼自身ですら気づいていない恋心のどうしようもない強さが感じられる。書かれていないことを深読みして自由に想像できることこそ、文学を読む醍醐味《だいごみ》だな、と改めて思いますね。

本作は、いつも口喧嘩《くちげんか》している二人がだんだん惹《ひ》かれ合《あ》っていくというロマンティックコメディでもありますが、第2次世界大戦前のイギリスやドイツ、ユダヤ人のことなど、歴史的に見て大きな話もたくさん登場します。主人が屋敷で開く重要な国際会議などの最中に、スティーブンスの父親が危篤《きとく》になり最期の時を迎えたり、ミス・ケントンがのちの夫からプロポーズされたり、と、大きな話と小さな話が巧《たく》みに絡《から》み合《あ》う、見事な構成で物語が進んでいきます。

スティーブンスは主人や仕事に忠実であるあまり、父の死に目にもあえず、彼女も手放すことになってしまうのですが、そういう場面で必ず語られるのが「執事の品格」です。その品格のために自分の主張を抑《おさ》え込《こ》んでいる彼にとっては、恋愛感情《れんあいかんじょう》という能動的なものは一番邪魔《じゃま》なものなのかもしれない。でも、もし彼がそのプライドを少しでも捨てることができていたら、ミス・ケントンとうまくいっていたんじゃないかな、と描《えが》かれていない未来をやっぱり深読みしてしまいます。

過去を振《ふ》り返《かえ》りながら車の旅を続けるスティーブンスは、物語の終盤《しゅうばん》でようやくミス・ケントンと再会します。彼女から、実はスティーブンスへのあてつけで結婚したこと、でも今は夫を愛していること、もうすぐ孫が生まれることを聞いて、もはや元には戻れないのだと気づき、彼もようやく自分の想いを認めます。

「私の胸中にはある種の悲しみが喚起《かんき》されておりました。いえ、いまさら隠す必要はありますまい。その瞬間、私の心は張《は》り裂《さ》けんばかりに痛んでおりました」

彼女と別れたあと、夕暮れを迎えた桟橋《さんばし》でスティーブンスは、通りがかりの初対面の人たち同士が楽しげに会話する様子に目を留めます。そして彼らが冗談《じょうだん》を言い合っていることに気づき、「人間どうしを温かさで結びつける鍵《かぎ》がジョークの中にある」のではないかと考え、これからはジョークの練習をはじめよう、そして今の主人を驚《おどろ》かせよう、と決意します。この夕暮れの時間が、まさに人生の夕暮れどきにいるスティーブンスと重なります。

初めて読んだときは、彼の長い長い恋が夕暮れに失恋で終わってしまう、ノスタルジックで寂《さび》しいお話だなと感じました。でも今回ひさびさに読み返して印象がガラッと変わりました。これまで執事の品格＝自分を殺して受動的であることを徹底《てってい》してきた彼が、ジョーク＝ユーモアというコミュニケーションにおいて能動的なものを勉強しようとするのは、未来に向かって希望のある明るいラストだな、と。

初読から10年以上経って、僕も抱《かか》える記憶が増えてきたし、おじさんになるのがいやだなぁっていう気持ちが最近強くなっているので（笑）、このラストから希望をもらえたというのもありますね。それに、ジョークを勉強しよう、というのがいかにも生真面目なスティーブンスらしくてかわいく思えてきちゃうんです。きっと彼のジョークは上手にならないだろうな、なんて想像すると、思わず笑っちゃいますね。

三浦直之

１９８７年宮城県出身。日本大学芸術学部演劇学科中退。２００９年大学の同級生らと劇団「ロロ」を旗揚げ、以降、全作品の脚本・演出をつとめる。高校演劇との関わりも深く、全国高等学校演劇大会の審査員のほか、高校生向けの演劇ワークショップの講師もつとめている。２０１５年『ハンサムな大吾』で岸田國士戯曲賞候補。近年、テレビドラマ脚本でも活躍、２０１９年『腐女子、うっかりゲイに告る。』（ＮＨＫ）の脚本で、コンフィデンスアワード・ドラマ賞の脚本賞を受賞。

いい歳《とし》の大人だって恋をする

生物学者
長《なが》沼《ぬま》毅《たけし》

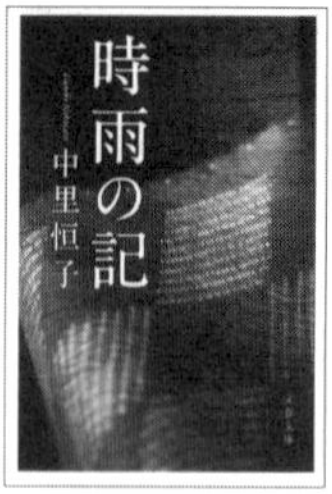

『時雨《しぐれ》の記』◆
中里《なかざと》恒子《つねこ》
文春文庫

僕《ぼく》は生物学者なので動物学的に言うと、恋とは繁殖《はんしょく》行動における「つがい形成」を促《うなが》す心的作用である、と冷たく言い放つことができます。ただ、他の動物と違《ちが》って、人間には温かいファンタジー（物語）を求める心もあります。つまり、人間の恋には生物学的な恋の上にファンタジーの恋が重なっています。だから、人間の恋はややこしいのです。

そう、人間の恋はややこしいのです。運命の出会いとか、赤い糸とか、前前前世からとか、好きだからこそ離《はな》れるとか、いろいろなファンタジー（物語）を乗せるのが人間の恋なのですから。恋の予感にときめいたり、相手の気持ちを知りたくてドキドキしたり、相思相愛がかなって歓《よろこ》んだり、でも、悲恋《ひれん》や失恋に終わって傷ついたり。もちろん体の傷ではなく、心の傷、いわゆる傷心です。傷心はつらいです。だから、できれば傷つきたくない若者世代が「恋愛離れ」する気持ちもわかります。

でも、傷ついて痛みを知ることには良い面もあります。心が痛んだことのある人は、他者の心の痛みもわかるからです。いわゆる「共感力」ですね。これは他の動物に比べて、人間でとくに発達した能力で、人間らしさ（ヒューマニティ）そのものと言ってもよいでしょう。その共感力を養う「心の痛み」を恋愛から学ぶことはけっして無駄《むだ》ではありません。実際のところ、痛みを知らない人より、痛みを知っている人のほうがずっと魅力的《みりょくてき》なのですから。

心が痛いことに関連して「切ない」という言葉があります。胸がしめつけられるような気持ちのことです。そして、大人だって恋の切なさに身悶《みもだ》えするということを、若い人に知ってもらいたいと思い、僕は『時雨の記』（中里恒子著）をご紹介《しょうかい》します。これは大人の純愛物語なので、大人になってからのほうが良さそうですが、おませな若者なら読めるかもしれません。

『時雨の記』は1977年（昭和52）に発表されるや「しぐれ族」という流行語を生むほどヒットしました。その後、1990年代の「平成不況《ふきよう》」や「失われた10年」と呼ばれた不安定な時代になぜか再ヒットし、1998年（平成10）に映画化もされました。不倫《ふりん》の小説や映画が流行した時代にあって、『時雨の記』は大まじめな純愛物語、時代の斜《なな》め上をいくファンタジーでした。

主人公の男性は人生の大半を仕事に捧《ささ》げた五十代（今の僕と同年代）、女性は一人で質素に暮らす四十代の寡婦《かふ》（夫と死別、あるいは離別《りべつ》した女性）、ともに分別のある大人です。かつて男性は女性に一目惚《ひとめぼ》れしていて、20年ぶりに出会ったら、もう離さないとひとりよがりの押《お》しの一手です。女性にしてみれば何のことやら、突然《とつぜん》に迫《せま》られても困惑《こんわく》するばかり。

どこまで、俺《おれ》のこの気持、相手に通じているかな。
そう思うと、息苦しくなって、心臓まひでも起すのじゃあないかと……

へたするとストーカーまがいの男性ですが、純粋《じゅんすい》でひたむきで、女性への思いやりに溢《あふ》れていました。女性は戸惑《とまど》いながらも、男性と過ごす時間の中に歓びを感じるようになりました。交流が始まって一年あまり、男性は約3カ月ほど外遊に出ましたが、その間、ほぼ毎日のように女性にエアメールを書くのです。そこに綴《つづ》られた男性の思いの丈《たけ》の吐露《とろ》と、それに共感し傾《かたむ》いていく女性の心情。

愛はいっしょに愚《おろ》かになることによって成り立つ……

二人で京都の山を歩いたとき、通り雨（時雨）に降られ、濡《ぬ》れた髪《かみ》をハンカチで拭《ふ》いてもらったとき、女性は自分の幸せを実感しました。でも、それは時雨のような幸福でした。

時雨だわ、さあっと来て、さあっと過ぎるわ、

男性はまさに時雨のように現れ、時雨のように去ってしまいました。病魔《びょうま》、冗談《じょうだん》で言った心臓まひが、女性から男性を奪《うば》ったのです。

居なくなる。
もう来ない。
電話もかからない。

あの人はもういない。でも、時雨が女性の髪を濡らしたように、男性も女性の心に温かい思い出を残してくれました。映画の予告編のフレーズがよく言い表しています。

その恋はしぐれのように私の胸に舞《ま》い降りました

大人の恋は、いろいろなしがらみもあるし、人生の残り時間が気になるし、でも、いつでも、いつまでも一緒《いっしょ》にいたい……若い人の恋に負けないほど「切ない」のですよ。

『時雨の記』の原作の時代設定は東京オリンピック（1964）前後でした。今まさに2020東京オリンピックを迎《むか》えるところ。また、映画の時代設定は昭和から平成へ変わる頃《ころ》でした。今まさに、平成から令和に変わったところ。こういう偶然《ぐうぜん》に僕は不思議な縁《えん》を感じます。

この映画の主人公の男女を演じたのは渡哲也《わたりてつや》さんと吉永小百合《よしながさゆり》さんでした。僕より年上の世代には超《ちょう》スーパースターです。実はこのお二人、映画だけでなく現実世界でも恋したのですが、悲恋に終わりました。その後、吉永さんは『時雨の記』を読んで感動し、映画化したいと思い続けました。でも、その思いを映画会社の会長さんに伝えても、会長さんは渋《しぶ》るばかり。そこに渡さんも加わって「ギャラなしでいいからやらせてほしい」と懇願《こんがん》したそうです。きっと、映画の中でいいからもう一度、と祈《いの》るような気持ちで懇願し、映画の中でいいからこの恋に生きて死にたい、と願って演じたのではないでしょうか。

このように、恋にまつわる切ない気持ちは14歳《さい》（十代）だけじゃありません、何歳《いくつ》になっても、いい大人になっても、同じです。切ないけど、その気持ちは、僕たちの心を以前より豊かにしてくれます。「14歳の世渡り術」シリーズの別の本*でもご紹介しましたが、あの文豪《ぶんごう》ゲーテなんて、73歳のとき17歳の少女に求婚《きゅうこん》してふられたのに、その傷心をバネにして詩を詠《よ》んでしまったほどです。みなさんも、何歳になっても、今すぐにでも、安心して、そして、勇気をもって、恋してください。

＊『ほかの誰も薦めなかったとしても今のうちに読んでおくべきだと思う本を紹介します。』に収録の「14歳に薦める本『若きウェルテルの悩み』」

長沼毅

１９６１年三重県生まれ。１９８９年、筑波大学大学院生物科学研究科修了（理学博士）。同年、海洋科学技術センター（現・国立研究開発法人海洋研究開発機構）研究員。１９９４年より広島大学で教鞭をとり、現在は広島大学大学院統合生命科学研究科教授。深海、地底、南極・北極、高山・火山、砂漠、洞窟など、極限環境（辺境）にすむ生物の研究をしている。著書に『辺境生物はすごい！　人生で大切なことは、すべて彼らから教わった』（幻冬舎新書）、『生命の始まりを探して 僕は生物学者になった』（河出書房新社）、『ゼロからはじめる生命のトリセツ』（角川文庫）など。

恋の本、本への恋

小説家
北《きた》村《むら》薫《かおる》

1976年某《ぼう》月某日

マーク・トウェインの『アダムとイヴの日記』を読む。旺文社文庫。200円。楽園を追われたアダムとイヴが実は日記を残していたという仕《し》掛《か》け。前半がアダム、後半がイヴの日記。見開きで右の頁《ページ》に文章、左の頁にイラストが入っている。アダムの日記は石版に刻まれたようなシンプルな絵。イヴの日記は繊細《せんさい》なタッチ。ラストの一行に言葉を失う。思いつきやセンスではなく——頭ではなく、心で書かれている。

『アダムとイヴの日記』
マーク・トウェイン
大久保博 訳
旺文社《おうぶんしゃ》文庫

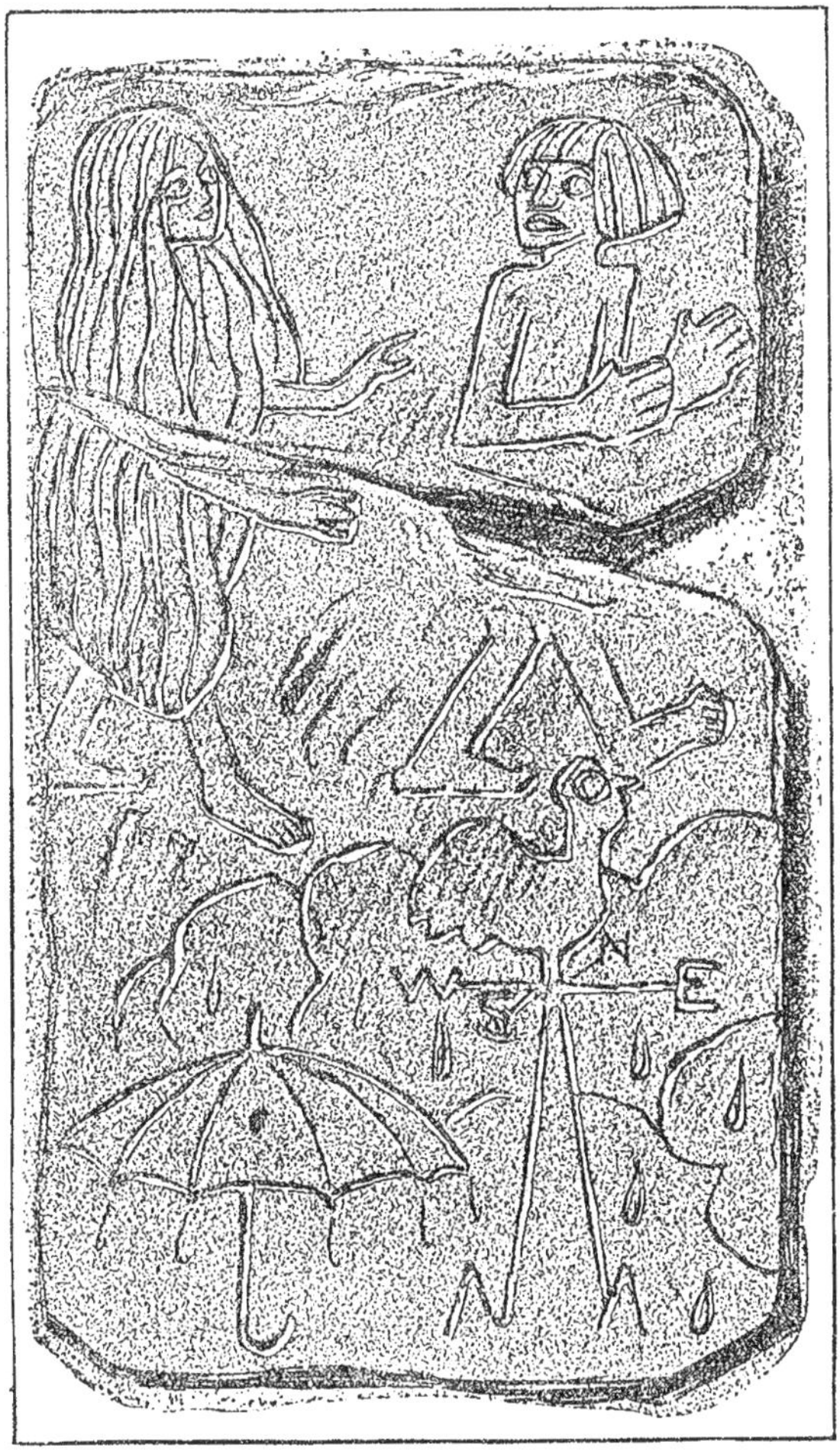
W
E

１９８８年某月某日

書店で岩波文庫版の『イヴの日記 他五篇《へん》』を見つけて早速購入《こうにゅう》する。訳は龍口直太《たつのくちなおた》郎《ろう》。４００円。１９５２年に初版が出て、今回買ったのは4刷目だ。「アダムとイヴの日記」に関しては残念。必然のものである挿絵《さしえ》と文の配置が失われている。この物語だけは旺文社文庫版で読まないと意味がないと思ってしまう。配置と共に、最も大切なものもまた失われてしまった。

しかしながらほかの短篇も読めるのはまことにありがたい。

SEP
L.ERIE
Buffalo
A
Strothmann

1995年某月某日

書店で福武文庫の棚《たな》を見ていたら、『アダムとイヴの日記』が復刊されていた。550円。旺文社文庫がなくなって久しい。イラストは見開きにレイアウトされているし、解説と年譜も収録されている。嬉《うれ》しくなっていそいそレジへ。大久保博さんの訳者あとがきに「追記」が付されていた。

「本書ははじめ旺文社文庫に収録されていたものですが、旺文社が文庫の出版を全面的に停止したため、長いあいだ店頭から姿を消していました。ところが今回、福武書店からぜひ出版したいとのお話がありましたので、事情をうかがったところ、じつは福武書店出版部の吉田《よしだ》元子《もとこ》さんが社内の編集会議で熱心に推薦《すいせん》した結果であることを知りました。元子さんは中学生のとき、たまたま本書を旺文社文庫版で読み非常に感動して深く心に記憶《きおく》していたのだそうです。マーク・トウェインは「わたしの書は、水だ。偉大《いだい》なる天才の書は、酒だ。誰《だれ》もが飲むもの、それは、水だ」と言っていますが、こうしたトウェインの創作態度が年輩者《ねんぱいしゃ》ばかりでなく中学生の心にも深い感動を与《あた》えたのでしょう」

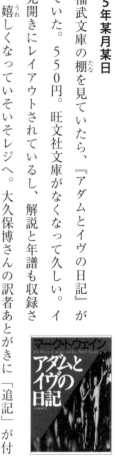

2019年某月某日

河出書房新社《かわでしょぼうしんしゃ》から「おすすめの恋の本を紹介《しょうかい》せよ」という原稿依頼《げんこういらい》を受け、真っ先に『アダムとイヴの日記』が浮《う》かぶ。誰かに渡したく、もう一冊買っておいた旺文社文庫版を編集者にさしあげ、この恋の本と、本への恋の物語を伝えることにする。

2019年某月某日

河出書房新社より連絡あり。福武文庫版に記されていた吉田元子さんの消息が分かったとのこと！　インターネットで検索《けんさく》すると、ポプラ社の編集者に同姓同名《どうせいどうめい》の人がいた。電話をかけてみたら、ご本人だった。時を越《こ》えてのめぐりあいだ。今も文芸書担当をしているそうだ。中学生だった吉田さんは、旺文社文庫が大好きで、毎月お小遣《こづか》いで少しずつ買っていた。その文庫自体が数年後になくなってしまう。本が、続く世代の手に届かなくなることが、若い彼女《かのじょ》には大きなショックだった。長じて福武書店に入り文庫を担当することになった吉田さんは、なんとかこの本をよみがえらせたいと、企画を出したそうだ。

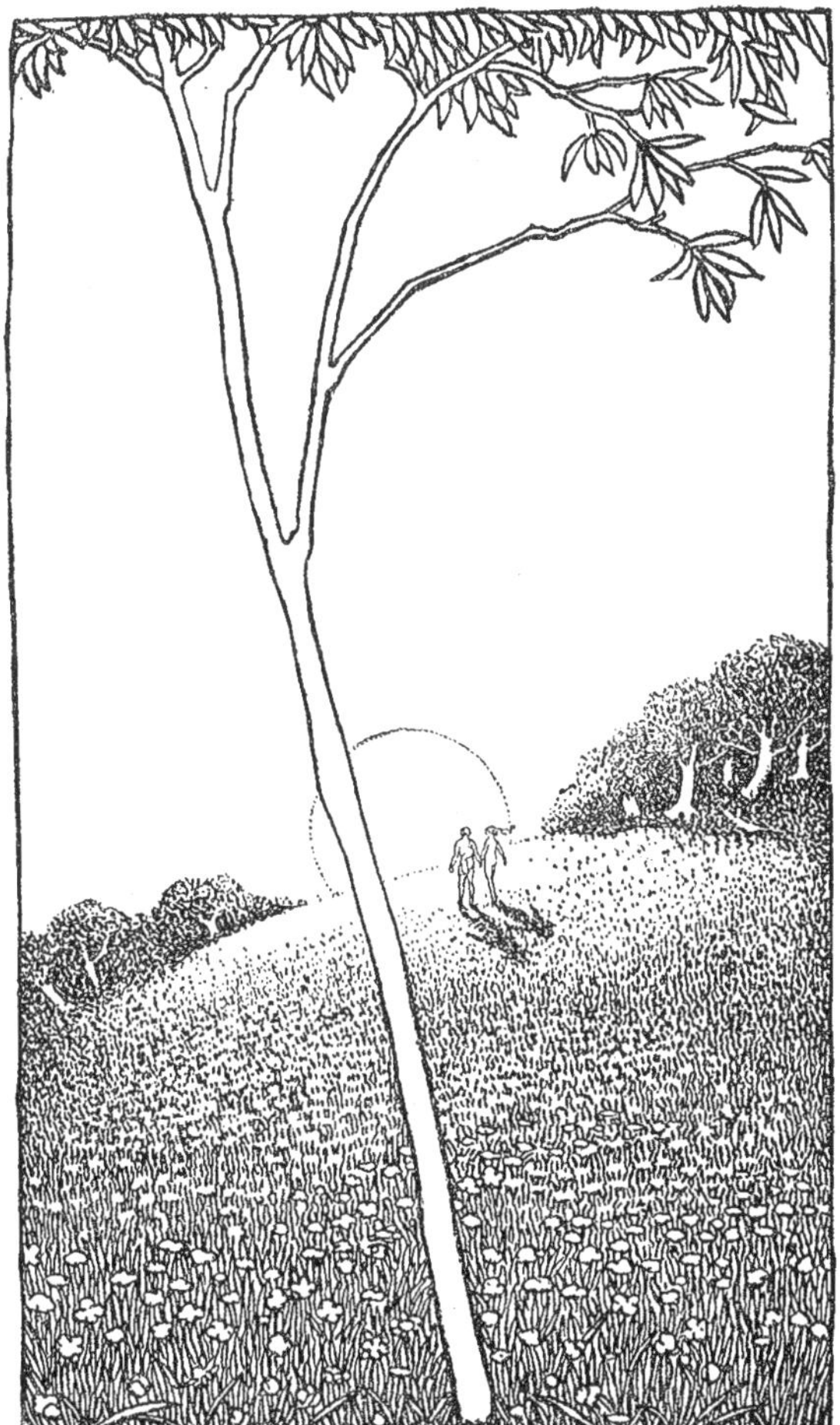

そうやって再び羽ばたいた翼《つばさ》なら、また三たびの時のあることを、――不滅《ふめつ》の恋を信じたい。

何事も縁である。河出文庫さん、ここで、ひと肌脱ぎませんか。

北村薫

1949年埼玉県生まれ。早稲田大学ではミステリ・クラブに所属。1989年『空飛ぶ馬』(創元推理文庫)でデビュー。1991年『夜の蟬』(創元推理文庫)で日本推理作家協会賞を受賞。小説に『スキップ』(新潮文庫)、『ニッポン硬貨の謎』(本格ミステリ大賞評論・研究部門受賞、創元推理文庫)、『鷺と雪』(直木三十五賞受賞、文春文庫)、『いとま申して』(文春文庫)、『遠い唇』(角川文庫)など。読書家として知られ、評論やエッセイ、アンソロジー、創作や編集についての著書も多い。2016年日本ミステリー文学大賞受賞。

*挿絵は原書に掲載されているものです。福武文庫版より転載しました。

III

恋から愛へ

ありのままを受け入れる

少女マンガ研究
トミヤマユキコ

好きな男の子がいきなりスカートを穿《は》いてきたら……やっぱり引きますか？　それとも理由を考えますか？　好きな人が予想外の行動に出たとき、あなたならどうしますか？

主人公の桃井くんは高校2年生。クラスの中でも地味に人気のあった彼《かれ》ですが、ある日突然、スカートを穿いて登校してきます。街中でスカートを穿いているかっこいいオ

『ボーイ★スカート』◆
鳥野しの
祥伝社　FEEL COMICS swing

ジさんを見かけ、スカートに心惹《こころひ》かれるようになった彼を見て、クラスメイトはざわつくばかり……。桃井くんと付き合っている水《みず》先輩もショックを受け、彼から離れていってしまいます。でも、人間的に嫌《きら》いになったわけじゃないので、葛藤する。どうしてこんな事態になっちゃったんだろうと悩《なや》みます。

いい恋というものがあるとすれば、好きな人のありのままを受け入れられる恋だと思います。自分の思い通りにならない時も、いきなり拒絶しないで、どうやったら受け入れられるかを考えてみる。そういう恋が、いい恋なんじゃないかと思うのです。まあ、口で言うのは簡単でも、実行するのはなかなか難しいんですけどね。

特に桃井くんは、女装がしたい、女性になりたい、ゲイである、スカートの男の人に恋をした……というわけではないので、ＬＧＢＴのカテゴリに入れて理解することができません。たとえば「この人は、男性の肉体を持って生まれてきたけれど、本当は女性の肉体を手に入れたかったんだな」ということなら「じゃあ、男性扱《あつか》いするのはやめてみよう」と考えることができるわけで、ある意味では話が早い。でも、桃井くんの場合、スカートがとにかくかっこよく思えて仕方がない男の子だから話が複雑なんです。そういう人を理解したいと思ったら、今まで自分が使ってきた物差しでは測れないことがたくさんある。目の前の人物をじっくり観察して、ちょっとずつ受け入れていくしかないんです。

水先輩には、スカートそのものが問題なんじゃなくて、「そういうことをするなら先に私にだけは一言いってほしかった」という気持ちがありました。恋人同士なんだから、許可を取った上で実行してほしかった、ということでしょう。うーん、わからないではないですが、恋人を支配・管理できると思っていたフシがあります。

恋人になるということは、相手の言うことを聞く義務があるとか、相手にとって都合のいい存在になるといったことではありません。たとえ相思相愛でも、コントロールできない部分が相手の中には必ずありますし、そことぶつかったときにどうするのか、一旦立ち止まって考えてみる必要があります。もちろん、度を越《こ》したワガママとか、明らかなモラハラやＤＶだったら秒で逃げてほしいですけど。

恋人と事前に相談できること、したほうがいいことはもちろんありますが、どんな服を着るかとか、どんなメイクにするか、といった身体に関わることは、他人が口出ししてはいけないことです。本作はスカートをめぐるお話ですが、服装の時点で相手を尊重できないと、そのうち「こういう下着をつけてほしい」とか「こういうセックスをしてほしい」といった、相手の身体に対するコントロールへと繋《つな》がっていってしまう危険性があります。

恋人同士じゃなくても、親しい間柄だと思った瞬間《しゅんかん》「もっとこうした方がいいよ！」などと言って、見た目を管理したがる人は一定数います。若いときには特に「多角的に人を見る」みたいな訓練が足りていないので、服装や見た目が重要だと思いがち。桃井くんはそこにしなやかに抵抗《ていこう》していくわけです。かっこいいですね。

自分にとっては不都合かもしれないことを含《ふく》めて、相手を受け入れるためには、心のキャパシティを大きくする鍛錬《たんれん》をしなくてはいけません。いい恋をすると、価値観が変化して、これまで知らなかった世界が見えることがあります。心が狭《せま》いままで、自分にしっくりくるものだけを選ぼうとしたり、「私に合わせてください」と言って相手を変えようとしたら、いい恋からは遠ざかってしまうのです。この作品は、つい支配的になってしまいそうな心に、いい感じでブレーキをかけてくれます。

水先輩は桃井くんから、スカートを穿くと「空でも歩けそうな気分になる」と説明されて、やっぱり彼が好きだし、そこが彼らしさなんだと理解するに至ります。

彼女は、地味に人気のあって見た目もいい彼氏を隣に置いておきたかったわけではなくて、彼のちょっと変わったところも受け入れた上で、丸ごと好きでいたいと思うガッツをもっていました。時間をかけて彼の考えていることや彼の好きなことを受け入れていこうと努力をする姿は、実に美しいものです。これこそが、いい恋なんじゃないでしょうか。

もう一人、大事な登場人物がいます。桃井くんのクラスメイトである白井さんという女の子。彼女はスカートを穿いてきた桃井くんに「ワクワク」し、応援《おうえん》する……つまり、多様性を重んじる人です。「だったらこの二人が付き合えば？」と思う人もいるでしょう。しかし、彼らは最後まで恋人にならず、不器用なりに桃井くんを理解しようとした水先輩とよりが戻ります。

女の子向けのマンガにありがちな、男の子のよき理解者になることが恋人への近道、みたいな幻想を思いきり打《う》ち砕《くだ》いてくるこの展開、最高です。わかり合いたいという欲求と恋をしたいという欲求って、本当は違う、というか、違っていいんですよ。

「男女の間で友情は成立するか」という問いがありますけれども、この作品の中では見事に成立していますし、ある意味では男女のカップルよりもわかり合っています。白井さんは読者から見たら「モブのいい人ポジション（損な役回り）」に見えるかもしれませんが、これはこれでひじょうに豊かな人生です。桃井くんにとって大切な異性の友人になった彼女は、そのコミュニケーション能力をもって、これからもいろいろな人と恋愛に縛《しば》られない関係を築いていくでしょう。

自分の好きなことに対し、いかに正直でいられるかを考えつつ、他者の好きなこともきちんと尊重できる人になれたら、いい恋愛関係や人間関係を結べるようになります。

人生の早い段階でそうなれたら、生きるのが何倍も楽しくなりますよ。
男らしさや女らしさを大事にしようとか、高校生はこうあるべきとか、恋人に対しては忠誠を誓《ちか》うべしとか、そういう恋愛ストーリーがどうもしっくりこないという人は、まずこの『ボーイ★スカート』を読んでください。今よりも風通しがよくて、呼吸のしやすい人間関係を、きっと作っていけるはずです。

トミヤマユキコ
1979年秋田県生まれ。早稲田大学法学部、同大大学院文学研究科を経て、2019年から東北芸術工科大学芸術学部講師。ライターとして日本の文学、マンガ、フードカルチャー等について書く一方、大学では少女マンガ研究を中心としたサブカルチャー関連講義を担当。著書に『40歳までにオシャレになりたい！』（扶桑社）、『夫婦ってなんだ？』（筑摩書房）、共著に『大学1年生の歩き方』（左右社）。

恋《こい》って何だろう

アナウンサー
宇《う》垣《がき》美《み》里《さと》

恋、恋とは何だろう。〝愛〟ではなくて、〝恋〟という言葉を使う時、個人的にそこには自分勝手な憧《あこが》れと、キレイすぎる幻想《げんそう》と、だからこその絶望が漂《ただよ》っている気がする。

14歳《さい》の頃《ころ》なら、きっとこんなことは思わなかった。淡《あわ》い胸の高鳴りや、爽《さわ》やかでキュンキュンした何か、はちみつレモンのような甘《あま》くて酸《す》っぱく、ガラス玉のように光を浴びてキラキラ輝《かがや》くものだと夢見ていたことだろう。幾度《いくど》かの血反吐《ちへど》をはくような恋を経験し、28歳になった私は、もしかしたら恋にちょっと恨《うら》みがあるのかもしれない。

『勝手にふるえてろ』◆
綿《わた》矢《や》りさ
文春文庫

そんなどうしようもない恋の身勝手さとそれがやがて愛に変わる予感を思わせる本として、綿矢りさの『勝手にふるえてろ』を挙げたい。

「私には彼氏《かれし》が二人いて」そんな末恐《すえおそ》ろしい独白を始める主人公の江藤良香《えとうよしか》・26歳。が、実はそれは妄想《もうそう》。恋愛経験《れんあいけいけん》はほとんどなく、いわゆるオタクだった彼女《かのじょ》は妄想ばかりが膨《ふく》らんでなかなか上手に現実世界を生きることができていない。中学時代の同級生への片思いを後生大事《ごしょうだいじ》に、事あるごとに思い出しいまだに想《おも》いを寄せてはいるけれど、それだってその相手である彼・イチと深くやりとりしたことはなく、中学以来会ってすらいない。そんな良香にも熱烈《ねつれつ》に愛してくれる同僚《どうりょう》・ニが現れる。とんでもない行動力で半ば強引《ごういん》に同窓会を開き、イチとも再会した良香。大好きな永遠の王子様・イチか、愛してはないが現実的に結婚《けっこん》の想像できるニか……。そんな理想と現実の間で良香は思《おも》い悩《なや》み、暴走しながらも自分と向き合い、一歩前進する物語だ。

良香がイチに抱《いだ》く感情こそ、まさに恋といえるだろう。極端《きょくたん》な例ではあるが、良香の思いは独りよがりで、傲慢《ごうまん》で、そこに本物のイチはいない。数少ないやりとりを思い出し、ねぶるように反芻《はんすう》し、そこにオリジナルの解釈《かいしゃく》をつけることで、イチを本当に理解しているのは、理解していたのは私だけだとほくそ笑《え》む。学生の頃の思い出を美化し、磨《みが》き上《あ》げることで自分自身の尊厳を守っている彼女の恋は、純粋《じゅんすい》で美しく、だからこそかなりの狂気《きょうき》を感じざるを得ない。完全に恋をこじらせている。が、見覚えがないとは言えないのが、少々居心地の悪いところ。

往々にして、恋の始まりなんて身勝手なものだ。ノートに向かうその横顔の憂《うれ》いにドキっとしたり、何気なく向けられた笑顔に意味を見出してしまったり。きっかけなんて、幻想にすぎない。でも、そんな小さなきっかけが、ただの同級生を特別な一人に変え、一度そうやって見つけてしまった〝特別な人〟はもう普通《ふつう》の人には戻《もど》れない。それってなんて素敵《すてき》なことなんだろうと思うのだ。世界にはこんなに人間があふれているのに、自分のたった一人を見つけるだなんて、簡単なことじゃない。でもそのたった一人がいるから、私たちは生きていける。やがてどんどん現実が見えなくなって、身もふたもない愛情に突《つ》き動《うご》かされた先には、恋に盲目《もうもく》になった自分しかいないけれど、そのバカみたいな全能感って最高に気持ちいいものだ。

一方で良香がニから向けられる思いは最初は恋だったかもしれない。経理の女の子っていい奥《おく》さんになりそうだとか、叱《しか》られてキュンとしたとか、胸にポストイットつけたままで目が離《はな》せなかったとか。良香からすると知らねえよ、だし誰《だれ》だよあんたって感じだろう。それは本物の良香ではないから。でもニは本当の彼女が知りたいと、猛烈《もうれつ》なパワーで距離《きょり》を詰《つ》めてくる。現実と理想の間で揺《ゆ》れ動《うご》き、最後には周りをまきこみ暴走する良香に傷つきながらも、どんな無茶苦茶な彼女も受け入れようと足を進めるニの気持ちは、いつしか愛へと変わるだろう。

「でもいくら好きだからって、そのまま受け入れるなんて無理だ。相手に全部受け入れてほしいなんて、乱暴だ。うまくやっていくには、二人とも相手に合わせて少しずつ……変わっていかないと」そんなニの言葉はおそらく恋の本質をとらえている。人と人との間には生涯《しょうがい》埋められない溝《みぞ》のようなものがある。本当の意味で他者を理解しきることなんてきっとできない。人間には無理だ。相手は自分になれないし、自分も相手にはなれない、そんなどうしようもない絶望を理解した上で、少しでも相手に寄《よ》り添《そ》えるようにと互《たが》いに手を伸《の》ばし、少しでも指先が触《ふ》れあうような瞬間《しゅんかん》があったら、それを私は何よりも尊んでいる。

恋は本みたいだなあ、と思うことがある。なくったって生きていけるけど、ないと生きてる気がしない。だから時に食費を切り詰めてでも本を買い、睡眠時間《すいみんじかん》を削《けず》ってでも読む。形のないものに翻弄《ほんろう》されて、時に生きる希望さえ失ってしまう恋は、生きていく上で必要のないものかもしれない。好きな人と結婚したいと思えば思うほど、他の恋をすることはできず、種の本能であるはずの生殖《せいしょく》の機会を逃《の》がしまくっている良香を見れば一目瞭然《いちもくりょうぜん》だ。それでも、自分だけのたった一人を見つけ誰かのたった一人になるために、私はまた恋に命を燃やすだろう。

宇垣美里

1991年兵庫県生まれ。同志社大学卒。在学中に「ミス同志社」に選ばれる。2014年TBSにアナウンサーとして入社。テレビ・ラジオの数々の人気番組の担当を経て、2019年フリー。著書に『風をたべる』（集英社）。

一生に一度の恋

アーティスト
七海《なな》《み》ひろき

『100万回生きたねこ』◆
佐野洋子
講談社

1977年に刊行され、それから100回以上も増刷を重ねているロングセラーの絵本です。みなさんの中には、小さい頃《ころ》にもう読んだよ、という人もいると思います。もしかしたら、いちばん最初に恋という題材に触《ふ》れた作品なのではないでしょうか。

絵本は、小さい子の読むものと思う方もいるかもしれません。でも、絵本には、短い言葉と絵の中に、物語といろいろな思いが凝縮《ぎょうしゅく》されています。行間から自分で感じ取れる部分がとても多い。だから私は絵本が好きなんです。絵本は奥《おく》が深いなって思います。

年を経て読んでも、私たちに豊かなものを与《あた》えてくれます。

この作品を私が最初に読んだのは、小学校低学年のとき。99万9999回生と死を繰《く》り返《かえ》し、100万年という長い長い時間を生きながら、本当の幸せにたどり着けなかった猫《ねこ》が、最後に白猫と出会って幸せになるという結末が印象的でした。

それから、何回もこの作品を読み返し、そのたびに新しい発見がありました。きっとこれからも何回も発見があると思います。私といっしょに、改めて猫の気持ちを追って読み直してみませんか？


99万9999人もの人に愛された猫。猫が死ぬと、飼い主たちはいつも泣いてくれたのに、猫は、みんなのことをきらいでした。100万年の間に、誰《だれ》かのために泣いたことも一度もありませんでした。自分のことを想《おも》ってくれる人に応《こた》える気持ちや、愛という感覚が分からなかったんです。

猫は可愛くて愛嬌《あいきょう》があったのでしょう、常に誰からも好意を寄せられていました。それなのに、100万回目に出会った白猫は、彼《かれ》に見向きもしませんでした。「おれは、

100万回も　しんだんだぜ！」といばっても、「そう」、とつれない反応です。チヤホヤされていると、それが当たり前だと思ってしまう。そんな猫が、ふと出会った猫にそっぽを向かれた。「え、どうして？」と興味が湧《わ》き、どういうふうに自分のことを思っているんだろう、自分を好きじゃない感情をこの猫はもっているのかな、と気になる存在になったのではないかと。きっとこのとき、猫は初めて他者によって心が動かされたんです。

それにはタイミングもあったと思います。猫は、今までは飼い猫でした。今回の人生で初めて野良猫《のらねこ》になって、自分のことを可愛がり美味《おい》しいご飯をくれる人がいなくなりました。猫はそれまでの飼い主を「きらいでした」が、誰かがいると、どこかしら安心して満たされるもの。ひとりぼっちになって、初めて孤独《こどく》や寂《さび》しさを感じたのではないでしょうか。そんなときに、白猫に出会った。

だんだん白猫のことで気持ちがいっぱいになる。毎日毎日、会えない時間もずっと、どうしたら振《ふ》り向《む》いてもらえるかな、といろいろ考えたんだと思います。それは、猫にとって初めて知った恋心だったんでしょうね。

猫は、ある日、自慢《じまん》をやめて、ただ一言、「そばに　いても　いいかい」とたずねます。偉《えら》ぶらずに、このシンプルな言葉を伝えられたことによって、初めて白猫から「ええ」と言ってもらえます。この瞬間《しゅんかん》の、猫の心の成長！　無意識かもしれませんが、相手が自分を好きなのではなく、自分が相手を好きなのだと気づいたんですね。ずっと自分しか好きじゃなかった猫が、です。

その気持ちを素直に言うことは、なかなか難しいことです。自分の気持ちに気づいても、向こうから告白されるまで動かない人って、沢山いると思います。いろいろな事情やプライドがあったり、勇気が持てなくて。猫は、素直に言葉に出しました。かっこいい。「いいだろ」とかじゃなくて。ちゃんと「いいかい」とたずねるところも紳士的《しんしてき》です。

この成長があったからこそ、彼は１００万回目に幸せな死を遂《と》げられたのではないかと思います。本当に自分の好きな存在ができるということが、99万９９９回変わらなかった猫の人生を変えました。たった一つの恋に、人生をバラ色に変えるくらい大きな力があったんです。

そして、猫の恋は、愛に変わります。「ねこは、白いねこと　たくさんの　子ねこを、自分よりもすきなくらいでした」「いっしょに、いつまでも　生きていたいと　思いました」。

恋と愛の違《ちが》いって何なのかなって考えます。まだ、その答えは分からないけど、恋は相手を他人だと捉《とら》え分かりたいと思う、愛は自分と同じものだと捉え分かり合おうと思っているのかもしれません。あるいは、お互《たが》いに向き合っているときが恋で、一緒《いっしょ》に前を向いて歩いているときが愛かもしれません。どんな人間関係でも、お互いのベクトルが同じだと、二人とも無理せず関係を続けやすい。そこには努力が必要だと思います。努力し合って、うまくバランスを保とうとする関係は長く続きます。

白猫が死んだのち、猫は１００万回も泣き、二度と生き返ることはありませんでした。もし生き返ってしまったら、白猫との記憶《きおく》があるからつらいと思うんです。好きな人が亡くなって、自分も同じときに人生を終えられたことが、猫にとっての本当の幸せだった。どれだけ生きるかではなく、誰と出会い、その中で影響《えいきょう》し合うことが大切だと教えてくれます。

それは男女の恋愛《れんあい》に限りません。私自身、役者をやってきて、出会いとときめきは、人を成長させ、人生を変えてくれると感じます。

いかがでしたか？『100万回生きたねこ』を、改めて今読んでみたいと思いませんか？

恋や愛にはいろいろな形があります。それと同じように、本にも自分自身の好みがあり、読み方があり、読後感があります。どんなに仲良しであっても、同じ本を読んで、全く違うように感じることもあります。たとえばこの本なら、「最後に死んじゃって可哀想《かわいそう》」と感じる人、「もっと生きられたら、もっと違う人生も楽しめたかもしれない」と思う人、他にも自分が思いもつかない感想を持つ人もいると思います。それこそ100万通りも。

自分以外の人と同じ本を読んで、「あの主人公、どう？」「どのキャラが好き？」「あの展開、ありえない！」「自分だったらどうする？」など感想や解釈《かいしゃく》を語るのはとても楽しい時間です。自分以外の意見を知ることで、世界はどんどん広がっていきます。この本を読んで、自分なりに考えて、そしていろいろな人と語り合ってみてください。その先で、新たな自分と出会えるかもしれませんよ。

七海ひろき

茨城県出身。2003年宝塚歌劇団に入団。宙組《そらぐみ》配属後、星組に組替えをし男役スターとして活躍。主な出演作品に『風と共に去りぬ』（スカーレット・オハラ役）、『銀河英雄伝説』（ミッターマイヤー／オーベルシュタイン役）、『ベルサイユのばら―フェルゼンとマリー・アントワネット編―』（オスカル役）、『燃ゆる風―軍師・竹中半兵衛―』（竹中半兵衛役、主演）、『Thunderbolt Fantasy 東離《とうり》劍遊紀《けんゆうき》』（殤不患《しょうふかん》役）など。2019年退団後は、8月にキングレコードよりメジャーデビューを果たし、俳優、声優、歌手、ラジオパーソナリティなど、アーティストとして多方面で活動。

英語には恋という意味の言葉がない

プログラマー
清《し》水《みず》亮《あきら》

『ゲーテ詩集』◆
ゲーテ
高橋健二 訳
新潮文庫

英語には恋という意味の言葉がないのだ、と聞くと驚《おどろ》く人も多いかもしれない。

でもこれは真実なのだ。

「あの子は彼《かれ》に恋してる」を英訳しようとすると、たとえば「She's addicted to him」とか、「She's crazy about him」とか「She's mad about him」などと一定しない。

どうしても、英語で「恋」という状態を説明しようとすると、addict（中毒になる）、crazy（おかしくなる）、mad（おかしい）などという、ネガティブなニュアンスが含《ふく》まれてしまう。

当然、「She loves him」という言葉はあるが、これは「彼女《かのじょ》は彼を愛している」であって、「彼に恋している」という意味にはならないのだ。

恋愛《れんあい》をテーマにしたエッセイを書くにあたり、はて恋愛とは何だろうかという疑問を持つと、そもそも恋愛というのは日本的な習慣であり、欧米《おうべい》では基本的にとっととデートに誘《さそ》うか、スッパリ諦《あきら》めるかの二択《にたく》であり、一人の相手に恋焦《こいこ》がれてウジウジ悩《なや》んだりはあまりしないそうだ。

科学を一生の友として志した人間である僕《ぼく》にとって文学や芸術とは、もともと必要だと考えていなかったものだった。むしろ恋愛とは自分の人生に不要なものであり、無闇《むやみ》に心にさざ波を立てる困ったものと認識していた。しかしおとなになったいま考えると、そう考えていた頃《ころ》の僕は実に未熟だった。

結局、科学にしろ芸術にしろ、いきつくところまでいけば、人間の思う真理という共通のところへ向かっているのだ。

科学の使命とは真実の追求であり、できるだけ確からしい証拠《しょうこ》を持って自ら納得できるようにこの世の全ての謎《なぞ》を解き明かし、真実に至るのが科学である。

そして芸術とは、自らの内面に向き合い、考えに考え抜《かんがぬ》いて人々の内なる心の動きや社会の動きに真実を求め、それを表現する技術である。

科学を究めんとすることは、芸術を極めんとすることと同じで、その中心にあるものは、愛に他ならない。

実は「愛する」という言葉は、もともとの日本語にはなかったという説がある。

西洋からキリスト教が伝来したときに、「愛」という概念《がいねん》を輸入しなければならなくなった。

キリスト教に限らず、あらゆる宗教は生と死というものをどう捉《とら》えるかで教義が決まっていく。

大切な人が亡くなった時に生まれる悲しみの感情を慰《なぐさ》めるため、新しい生命がうまれたときの喜びを表現するため、宗教は生まれたと僕は思う。

キリスト教の世界観では、神は無償《むしょう》の愛で人類を包み、人類は隣人《りんじん》への愛、師弟間の愛、家族への愛、そして性愛といったさまざまな愛のかたちを持つ。

そう、ここには実は「恋愛」という概念がないのだ。

とすれば、「恋愛」とは日本語の独特の愛の捉え方である。


「恋すること」と「愛すること」は大きく違《ちが》う。

恋は相手への一方的な強い思いであり、相手にこうあってほしいと強く願うことだ。

愛もやはり相手への一方的な思いであるが、相手がどうすれば真の幸福に向かっていけるか真剣《しんけん》に向き合い、自分の気持ちを犠牲《ぎせい》にしてでも相手を思いやる行動をとるという心境である。

「恋愛」とは、恋と愛がないまぜになり、人が夢中になっていくさまを指すのだと僕は思う。

「恋愛」には、互《たが》いに恋し合ってる場合もあれば、一方が相手に恋し、もう一方が相手を愛していることによるすれちがいが生まれることもある。

このせめぎあいこそが恋愛であり、最終的には、破局するか、静かに互いに愛し合った状態に向かう。それは恋愛という状態の終焉《しゅうえん》であり、そこにあるのは人にとって究極の安らぎに他ならない。

そんなときに思い出したのが、ゲーテの詩集だ。ゲーテは、詩人であり戯曲作家《ぎきょくさっか》であると同時に科学者でもある。ゲーテの詩には、恋愛をテーマにしたものが少なくない。彼の「クリステル」という詩から引用してみよう。

（前略）
どこにいてもあの人の姿が見える。
どうして、どこで、いつ、
なぜ、あの人がわたしの気に入ったのか、
わたしには皆目《かいもく》わからない

（中略）
そこでわたしの望みはますますつのり、
時のたつのも忘れてしまう。
夜もあの人のそばにいられたら、
夜のこわさも忘れるだろう。
いつかあの人を抱《だ》いて
はやる心をしずめたい。
それでも悩みが消えぬなら、
あの人の胸で死にもしよう。

まさにこれは恋の描写《びょうしゃ》そのものではないだろうか。

ゲーテはドイツ人だが、「恋」という言葉を使わずにここまで「恋心」を表現した詩はみごとだと言えるだろう。

ゲーテが時代を超《こ》えて人々に愛される理由の一端《いったん》が垣間見《かいまみ》えるようだ。

そもそもなぜ人は詩を求めるのか。それは自分の言葉で表現したくともできない、複雑な心情を表現したいという強い願いを詩人の言葉に託《たく》すのである。

詩を読んで感動することとは、すなわち、自分自身の中に詩人と同じ思いを共有することだ。

したがって、たくさんの感情豊かな詩を読めば、自分自身、豊かな感情の表現ができるようになる。

21世紀の日本語では、年齢《ねんれい》や性別にかかわらず、恋に胸を焦がす健気《けなげ》な心境を持つ人を「乙女《おとめ》」と表現することがある。僕はこの表現を借りるとしよう。

そして現代の乙女たちも、ゲーテの時代とかわらぬ情熱で恋に胸を焦がし、自分のなかにあるなんとも表現しようのない葛藤《かっとう》、渇望《かつぼう》、苦悩《くのう》といったものを抱《かか》えているに違いない。

そうした乙女たちにとって、ゲーテの詩はストレートかつ豊かに恋の心情を表現し、自分自身を見つめ直し、慰《なぐさ》めるたすけになるだろう。

清水亮

新潟県生まれ。ギリア株式会社代表取締役社長兼CEO。プログラマーとして世界を放浪した末、2017年にソニーCSL、WiL LLC.と共にギリア株式会社を設立、「ヒトとAIの共生環境」の構築に情熱を捧げる。東京大学先端科学技術研究センター客員研究員。著書に『教養としてのプログラミング講座』（中公新書）、『よくわかる人工知能』（KADOKAWA）、『プログラミングバカ一代』（晶文社）など。

ただ一人のために言葉を紡《つむ》ぐ

女優
彩《あや》吹《ぶき》真《ま》央《お》

『シラノ・ド・ベルジュラック』◆
ロスタン
渡辺守章 訳
光文社古典新訳文庫

　主人公のシラノ・ド・ベルジュラックは、すごく大きな鼻にコンプレックスをもちつつも、強く生きている男気のある軍人です。教養と武芸に優れていますが、コンプレックスゆえに、愛する従妹《いとこ》ロクサーヌに告白ができません。ロクサーヌはシラノの気持ちに気づかず、クリスチャンという美しい男性に恋《こい》をします。クリスチャンもロクサーヌに恋《こい》をしますが、文才がなくて愛の言葉を書けません。そこで彼《かれ》にかわって同じ部隊に所属しているシラノが手紙や愛の言葉を紡ぎます。

シラノは戦場でも、クリスチャンの代わりに1日2通もロクサーヌに手紙を送り続けます。クリスチャンが戦場に行って寂《さみ》しく思っている彼女《かのじょ》を元気づける意味でも、一生《いっしょう》懸命《けんめい》に手紙を書きました。命をかけた行為《こうい》であり、言葉であり、ロクサーヌは見た目ではなくその魂《たましい》に惹《ひ》かれていることを自覚します。それを知ったクリスチャンは意気消沈《いきしょうちん》して、結果、戦死してしまいます。

以後ロクサーヌは15年間、喪《も》に服し続けます。クリスチャンからもらったと思っている手紙をずっと胸に大事にしまいながら。シラノも想《おも》いを秘め続け、毎週土曜日に彼女を勇気づけるために会いに来て、他愛もない楽しいお話をする。ある土曜日、シラノは瀕死《ひんし》の重傷を負います。それでも彼女に会いに行きます。そしてふとしたことから、自分がクリスチャンの代筆でロクサーヌに宛《あ》てた恋文を声に出して読みます。日が落ちて明かりがなくても読み続けるシラノに、ロクサーヌは彼こそがその手紙を書いた主《ぬし》だと気づきます。シラノは喜びの中、最期を迎《むか》えます。こう語りながら。

「あの世へ、俺《おれ》が持って行くものが一つある。（中略）俺はこう挨拶《あいさつ》をして、青空の門を広々と掃《は》き清《きよ》めて、貴様らがなんと言おうと持って行くのだ、皺《しわ》一つ、染み一つつけないままで、それはな、わたしの……（中略）心意気だ！」と。

私はこの作品のミュージカル版『シラノ』でロクサーヌを演じ、原作の戯曲《ぎきょく》を読みました。シラノの男気、死をもって愛を貫《つらぬ》く心意気、そして「見た目ではなくて魂を愛する」という恋愛の真実を描《えが》ききった作品に惚《ほ》れ込《こ》みました。決して古びないドラマチックな戯曲であり、恋愛文学の金字塔《きんじとう》です。

戯曲って読んだことがないし難しそう、と思う方もいるかもしれませんね。でも普通の小説と同じように、台詞《せりふ》と、状況を説明する文章（ト書きといいます）がありますし、生き生きした台詞にはとても感情移入しやすいと思います。

それから、実際に舞台にしたらどうなるのか、脳内で考えてみる楽しさもあります。人物の立ち位置や動き、台詞の言い方、衣裳《いしょう》やセットに小道具。自分なりの舞台世界を想像できる自由度があるんです。

この作品で何といっても魅力的《みりょくてき》なのは、作品全編に言葉の美しさが溢《あふ》れていること。

作者のロスタンは詩人であり劇作家でもあった人ですが、シラノがロクサーヌに宛《あ》てる愛の言葉は選《えら》び抜《ぬ》かれ、言葉の一つ一つに深みがあり、愛の形が多彩《たさい》に表現されます。たとえていうなら、万華鏡《まんげきょう》のように広がっていく力を持っています。言葉に色や香《かお》りがあったり、ちょっと抽象的《ちゅうしょうてき》な言い方ですけど翼《つばさ》が生えているような感覚。想いを言葉に乗せ、その言葉を読者にわかりやすく何色にも伝える表現力があります。また、シラノは知識、読書経験、演劇経験に富んでいるので、相手を楽しませるウィットに富んだ言葉選びをします。

私たち役者は、台本に書かれた文字を立体的に五感にします。つまり、言葉に含《ふく》まれている聴覚《ちょうかく》や嗅覚《きゅうかく》、味覚をわかりやすく体と声を使って表現する。この作品は、演じても演じても、いろいろな味や香り、色が湧《わ》き出《で》てきて、非常に演じがいがありました。

今の時代、言葉を伝えるのは、LINEやSNSなど、だいぶ簡略になっています。そんな便利なツールがなく、ラブレターを渡《わた》すことしかできなかったこの時代、二人の間で交わされた言葉は本当に豊か。言葉で愛を伝えることの真髄《しんずい》を教えてくれます。

私たちが普通《ふつう》に生きている上での言葉のやり取りは、単色にしようとすれば単色で終わってしまいます。でも、言葉の選び方、教養、そして思いやりの持ち方で、豊かな色にすることや伝わり方を変えることができます。シラノ、そして作家さんや劇作家さんのように言葉を紡ぐことは難しいかもしれませんが、少しでも参考にしていただけたらと思います。

恋とは、その人の女性性・男性性を好きになる以前に、人間として尊敬できるからこそ興味をもって惹かれていくことではないでしょうか。魂と魂の結びつきといってもよいでしょう。それは恋愛に限らず、人間関係においても。人を想うことは、その人と付き合わなくても、自分の引き出しを増やし、豊かにしてくれます。

戦場でシラノはロクサーヌに自分が手紙を書いていたこと、そして彼女を愛していることを打ち明けようとします。しかしその直後にクリスチャンが戦死してしまったので、打ち明けられないまま15年間胸に秘めつづけました。もし「実は僕が書いたんだ」と告白していたら、彼女との関係は違《ちが》う方向に進んでいたのかもしれません。でも、ロクサーヌの悲しみを見、クリスチャンの死を悼《いた》み、二人の愛を汚《けが》すことはできないと、彼は黙《だま》っているという選択《せんたく》をしました。

シラノはそんな風に心意気を持って生き抜きました。一途《いちず》な恋心を抱《いだ》いたまま、自分が損をしても、他人のために身を引き、15年黙っていたからたどり着くことのできた、美しい死を迎えました。

いろんな愛の形を演じてきたなかでも心に残る作品でした。『シラノ』に描かれている愛こそが究極の美しい愛の形であると、自信を持っておすすめします。

彩吹真央

大阪府出身。1994年宝塚歌劇団に入団。『エリザベート』（ルドルフ、フランツ・ヨーゼフ役）などに出演、繊細な演技力と豊かな歌唱力を持つ男役スターとして様々な舞台で活躍。2010年宝塚歌劇団を退団後、ミュージカルや舞台を中心に、コンサートやCD等の音楽活動など幅広い活動を展開している。退団後の主な出演作品に『サンセット大通り』（ベティ・シェーファー役）、『シラノ』（ロクサーヌ役）、『ラブ・ネバー・ダイ』（メグ・ジリー役）、『アドルフに告ぐ』（エヴァ・ブラウン役）、『マリー・アントワネット』（ローズ・ベルタン役）など。『End of the RAINBOW』のジュディ・ガーランド役は高く評価された。

二人でつらぬいた愛の精神

歌舞伎俳優
尾上右近《おのえうこん》

『愛する言葉』◆
岡本太郎・岡本敏子
イースト・プレス

この本は、僕《ぼく》のバイブルです。

芸術家の岡本太郎さんとそのパートナーの敏子《としこ》さんが残した、愛にまつわる言葉をまとめたもので、太郎さんの言葉が青、敏子さんの言葉が赤で掲載されているユニークな「共著」です。

出会いは20歳《さい》を過ぎた頃《ころ》。岡本太郎さんの人生観と芸術論の、まっすぐで、大きく豪《ごう》快《かい》、そして優しく可愛《かわい》らしいところが大好きで、尊敬していたことから手に取りました。

僕はこの本で初めて、敏子さんの言葉に触れました。

太郎さんは、愛は無償《むしょう》のものであり、自分の利害をすべて超越《ちょうえつ》して相手に届けようとするもの、と常におっしゃっていましたが、この本を読むと、太郎さんと共に歩んで同じ景色を見てきた敏子さんも同じように考えていることがよくわかります。太郎さんから敏子さんに対する愛と、敏子さんから太郎さんに対する愛は同等なんです。

男女間でそんな関係があり得るのかと、若かった僕はひじょうに驚《おどろ》きました。しかもあの岡本太郎さんと同等の女性がいるなんて。もちろん、微妙《びみょう》に匂《にお》いとか色合いは違《ちが》います。岡本太郎さんは情熱家なので、気持ちも爆発的《ばくはつてき》に鮮烈《せんれつ》に言葉に残していますが、敏子さんは、よりあたたかく、おおらかに表現しています。

僕が大好きな敏子さんの言葉をご紹介しましょう。

愛している。好き。何かしてあげたい。それだけでじゅうぶんじゃないの。

——岡本敏子

太郎さんに対して思ったことなんでしょう。敏子さんは、この情熱的な精神を言葉にし、現実の社会で実践《じっせん》しました。

歌舞伎《かぶき》にも恋愛《れんあい》の物語はたくさんあり、自分の道をつらぬく男性を全身全霊で愛する女性がよく登場します。「野崎村《のざきむら》」のお光や、「摂州合邦辻《せっしゅうがっぽうがつじ》」の玉手御前《たまてごぜん》のように、無償の愛をつらぬき、その果てに命さえ捧げる人もいる。

また、僕がずっと気になっていて、いつか歌舞伎化したい女性に阿部定さんがいます。昭和の戦前期、愛する人をその愛ゆえに手にかけてしまった女性です。好きだと言う気持ちがまっすぐに、まっすぐに、行き着いた結果。その愛は、とても深くて大きい。

彼女たちの究極といってもいい愛の精神は、敏子さんの言葉と根本でつながっていると思います。だからこそ、僕は敏子さんの言葉に惹かれるのかもしれません。

女は可哀《かわい》そうなもの、独りでひそかに泣いているものを、胎内《たいない》にくるみ込《こ》んでやりたい本能がある。

――岡本敏子

僕自身も表現においては、爆発したい、自分の思ったとおりに突《つ》き進《すす》みたい。傍《そば》にいてくれる女性には、それを見ていてほしい。そして後で「見ててよかった」と言ってもらえるように頑張《がんば》りたい。してあげる／してもらう、という関係ではなく、自分がやりたいことがそのまま相手にとっての幸せであるという関係性です。憧《あこが》れます。

次は、太郎さんの言葉。太郎さんは、僕にとっていつも弱ったときに助けてくれる存在です。男の弱さを認めたうえで、そのまま進めばいいという言葉に、僕は共感と、背中を押《お》してもらえる感覚を抱《いだ》いてきました。恋愛では心の奥《おく》のいちばん弱い部分に必ずぶち当たりますが、必ず救ってくれる言葉を残してくれている。

〝愛〟の前で自分の損得を考えること自体ナンセンスだ。そんな男は女を愛する資格はない。

男は女性の世界観から自分のなかに欠落しているものを、見出すことができる。これが喜びであり、救いとなる。

——岡本太郎

今の時代、お互《たが》いプラスになることを考えて相手との関係をつくっていきがちです。でも太郎さんは違う。損得を考えず自分の思ったとおりに生きていたからこそ、敏子さんという素晴らしい存在に出逢《であ》えたのだと思います。

恋愛だって芸術だって、おなじだ。一体なんだ。全身をぶつけること。そこに素晴らしさがある。

——岡本太郎

もっと自分をさらさなきゃ、なにも始まらないわよ。

——岡本敏子

収録されている言葉は、どれもシンプル。二人とも、その精神を実に素直に言葉にしています。

恋愛は、生きていると避《さ》けては通れない経験です。その核心《かくしん》の部分を日本人は隠《かく》しがちです。隠すからこそ価値があるといえるのかもしれませんが、十代の若い人はその核心の素晴らしさをよく知らされないことが多い。僕自身、自分が恋愛を経験したときに「今まで知らされていなかったんだ。大人は言ってくれればいいのに」と思いましたよ。

でも太郎さんと敏子さんは、包み隠さずに堂々と素《す》っ裸《ぱだか》で言ってくれる。それは、恋愛するうえで、いや、生きていくうえで、指針となるような、そして真実の言葉ばかり。何回も何回も、読み返してほしい、そんな一冊です。

尾上右近

1992年生まれ。音羽屋。父は七代目清元延寿太夫、曾祖父は六代目尾上菊五郎、母方の祖父は俳優・鶴田浩二。7歳で歌舞伎座『舞鶴雪月花《ぶかくせつげつか》』の松虫で本名の岡村研佑で初舞台。12歳で新橋演舞場『人情噺文七元結《にんじょうばなしぶんしちもっとい》』の長兵衛娘お久役ほかで、二代目尾上右近を襲名。2015年から自主公演「研の會」を主宰。2018年七代目清元栄寿太夫を襲名。近年の出演作品にスーパー歌舞伎Ⅱ『ワンピース』、新作歌舞伎『風の谷のナウシカ』など。

誰《だれ》かのために人生を変えられる奇跡《きせき》

俳優
井上《いのうえ》芳雄《よしお》

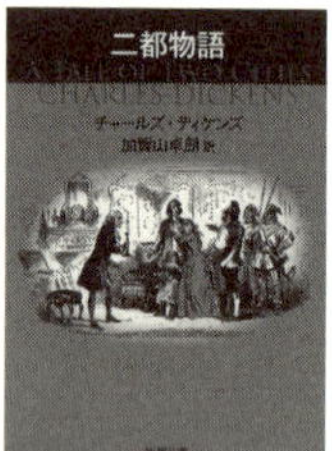

『二都物語』◆
チャールズ・ディケンズ
加賀山卓朗 訳
新潮文庫

僕《ぼく》は2013年にミュージカル版で主役シドニー・カートン役を演じることになり、この作品に出会いました。以来、折に触《ふ》れて思い出す大事な作品です。純粋《じゅんすい》な、僕が理想とする愛し方が描《えが》かれている物語です。

19世紀後半に書かれた長大な物語で、新潮文庫版で600ページを超《こ》えますから、なかなかとっつきにくいかもしれません。この時代の作品は、たとえば『レ・ミゼラブル』も『戦争と平和』も分厚いし、読むのに気力が要ります。ウィキペディアで最短であらすじと結末を知ることもいいかもしれませんが、じっくり読み進めてラストにたどり着いてほしい。物語の筋だけを知るよりは、街や革命の描写《びょうしゃ》、多彩な人々のドラマを味わいながら読むと、より多くのことが伝わってくると思いますから。

時代は18世紀。舞台《ぶたい》はフランス革命が勃発《ぼっぱつ》した頃《ころ》の「二都」、つまりパリとロンドンという二つの都です。タイトルからは分かりづらいですが、壮大《そうだい》な恋愛物語《れんあいものがたり》です。人生に絶望して飲んだくれているけれど有能な弁護士シドニー・カートンが、革命を逃《のが》れて亡命してきた貴族チャールズ・ダーネイとロンドンで知り合います。二人は、不思議なことに顔がそっくり。共にルーシー・マネットという女性に想いを寄せますが、ルーシーはダーネイと結ばれます。カートンは、ダーネイ一家を見守り、最後には、ダーネイの身代わりになり命を落とします。

カートンとルーシーは相思相愛の関係ではありません。ルーシーはダーネイを愛していて、カートンの想いを感じていながら応《こた》えられない。カートンもルーシーへの想いを持ち続けながら、相思相愛になることを望んでいない。

恋をすると、相手を愛することイコール自分を愛してほしいと思うのが自然なのか、望むように愛してくれないと喧嘩《けんか》になったりお別れになったりする。でも本当の愛とは、自分に何かしてほしいという次元を越《こ》えて、愛する人に幸せになってほしいと思える境地に到達《とうたつ》することではないでしょうか。僕は、そうありたいと思っています。

自分ではない相手のことを一生懸命《いっしょうけんめい》考えるのは、本当に難しいことです。相手が自分をどれだけ愛してくれるかという物差しで恋愛を考えると、自分がどんどんつらくなります。カートンのように、自分が相手に何をできるかという物差しを持てば、自分も楽になれるし、救われます。つらい思いをするかもしれませんが、後に振《ふ》り返《かえ》ったときに、最終的には相手のためを思って決断したほうが「自分は頑張《がんば》ったな」「傷つけなくてよかった」と、きっと思える。

カートンはルーシーが幸せになるためにはどうしたらいいかと考え抜《かんがぬ》いて、最後には自分の命さえも差し出します。革命の時代に様々な状況《じょうきょう》が重なって、彼《かれ》は奇跡のような愛を貫《つらぬ》く機会を得ました。小説や舞台の主人公と同じような人生を歩むのは、ほとんどの人は無理でしょう。カートンだって、初めからそうするつもりではなかったかもしれません。死に際しても、淋《さび》しくて悲しくて痛かったでしょう。ただ、選択《せんたく》する場に立ったときに「どうなるかわからないけどこっちに行ってみよう」と、一瞬《いっしゅん》の判断で選んだのです。

みなさんには、そういう生き方があるかもしれないということを知っておいてほしい。「自分だったらどうするかな」と考えたり、これからの人生で迷ったときに、苦しいけれども相手のことを考えて選ぶときに思い出してほしい。

人生で何を幸せと考えるかは人それぞれです。恋が成就《じょうじゅ》して添《そ》い遂《と》げて看取《みと》る人生と、成就せず恋する人のために死ぬ人生と、どちらが幸せかというと比べられるものではないんです。

カートンは、誰《だれ》にも気にかけてもらえなかった人生を歩んでいたところに、ほんの一瞬、ルーシーに「あなたも自分のことを大事にしないとだめだ」と言ってもらっただけで、人生が輝《かがや》いた。はたから見ると、一人で死んじゃって可哀想《かわいそう》な人かもしれませんが、それは他人が決められることではありません。僕自身、演じているうちに、「自分の人生は何だったんだろう」という悲しみではなくて、むしろ幸せを感じられるようになりました。

さらに彼は牢獄《ろうごく》の中で無実の罪で囚《とら》われていた一人のお針子さんの心を救います。死を怖《こわ》がる彼女《かのじょ》を勇気づけ、彼女は胸を張って死んでいく。人に与《あた》え続《つづ》けて、それによって自分も彼女にも愛されて感謝される。男女の愛とはまた違《ちが》いますが、豊かな人生を生き切って、最期を迎《むか》えられた気がしてなりません。

誰しも自分のことが大切で、自分を守りたい。でも、その人間が自分と全く関係のない別の人によって人生を変えられる、変えていける。

ミュージカル版ではカートンがルーシーに初めて会ったときに、「この星空」というソロを歌います。彼女に恋をした瞬間《しゅんかん》に、一瞬にして世の中が変わって見えた。今は星空がとても美しく見える、という歌です。この気持ちは恋愛以外ではなかなか味わうことができないものです。

一見、瞬間的に変わっているように見えるんですけど、実はずっと自分のうちに溜《た》めていた、諦《あきら》めたり忘れてしまっていた気持ちが、他者によって、その瞬間に引き出されたと思うのです。人はいつでも変われる可能性をもっているけれど、自分一人で変わるのは難しい。自分で何かを考えて生み出すのは大変なことですから。カートンも変わりたいという気持ちを胸の奥に持っていたところに、ルーシーと出逢《であ》って、彼女のためならと変わることができた。

人は人を傷つけもします。でも、傷つける以上に恵《めぐ》みを与えてくれることに大きな希望があると、僕は思いたい。

井上芳雄

１９７９年福岡県出身。東京藝術大学音楽学部声楽科卒業。大学在学中の２０００年に、ミュージカル『エリザベート』の皇太子ルドルフ役で鮮烈なデビューを果たす。高い歌唱力と存在感で数々のミュージカルや舞台を中心に活躍。２００６年読売演劇大賞・杉村春子賞、２００８年菊田一夫演劇賞・演劇賞、２０１１年日本映画批評家大賞・舞台ミュージカル大賞、２０１３年読売演劇大賞・優秀男優賞、芸術選奨文部科学大臣新人賞、２０１５年松尾芸能賞・優秀賞を受賞。出演作品に『モーツァルト!』『ウェディング・シンガー』『組曲虐殺』『ダディ・ロング・レッグズ』など。著書に『ミュージカル俳優という仕事』（日経ＢＰ社）など。

あなたの愛は、心の中で正しく自由である

小説家
高殿円《たかどのまどか》

『摩利《まり》と新吾《しんご》』◆
木原敏江
河出書房新社

私達は、ほとんどの人間が生まれたときに外見的性別が決まっている。だから、なんとなく恋をする相手は逆の性別であると思《おも》い込《こ》みがちだ。男の子は女の子に、女の子は男の子に。けれど本当はだれを好きになったっていいし、好きにならなくてもいい。好きになったからといってなにかしなければいけないわけでもない。好きになったら両思いになることが正義なんてことは絶対にないのだ。一生好きな人ができなくても、その人の人生が間違《まちが》っているわけでも、その人がどこかおかしいわけでもない。「好き」の

種類は千差万別《せんさばんべつ》で、ただ相手を見ているだけでもいいし、相手の同意があればセックスしたっていい。もちろん暴力や強制を伴《ともな》う愛情表現は厳禁だけれど。世界中に自分と同じ顔、皮膚《ひふ》の色、体重、健康状態、価値観の人間が何人いるだろうか。要するに、きっとそれくらい「好き」の種類はある。

『摩利と新吾』という漫画《まんが》を読んでほしいと思う。べつに恋愛《れんあい》漫画として読まなくてもいい。ただただ、思春期にこの物語に出会ってほしいと心から思う。

戦前、学校教育のしくみはいまとだいぶ違っていて、特に勉強のできる子供たちは旧制中学・旧制高等学校と呼ばれる教育機関へ進学した。多くの庶民《しょみん》は尋常《じんじょう》小学校どまりであった時代、旧制中学はいまでいう高校二年生にあたる年まで、旧制高校は現在の大学一年にあたる年までを、彼《かれ》らはとにかくよく勉強した。寮生《りょうせい》も多く居たようで、家長たれ日本男子たるものこうあれという社会の風あたりがずっと強い時代、彼らは一時家庭を離《はな》れて、同じ年頃《としごろ》の同性ばかり集《つど》って青春を過ごしたのだ。

『摩利と新吾』は漫画で、ややファンタジーではあるけれど、たった１００年ほど前に日本のどこかであったかもしれないだれかの人生譚《じんせいたん》でもある。鷹塔摩利《たかとうまり》という日本人とドイツ人とのハーフの子が、印南新吾《いんなみしんご》という同い年の少年と出会い、一生を友人として過ごす物語。ハーフが異人だとさげすまれていた時代、同性へ向けられる強い情愛や、身分格差、道徳的にも法律的にも決して結ばれない相手、生来の病気、容姿へのコンプレックス、貧富《ひんぷ》の差。そこに描《えが》かれていることは、昔のことのふりをして、悲しいかななにひとつ変わらずいまもそこにある。

さまざまな愛情のはじまりと結末を、私達はこの『摩利と新吾』で確認することができるだろう。それもきっとこの世界にあまた散らばる無数の愛情の種類のほんの一部分でしかない。たとえば、血の繫《つな》がった姉をひそやかに愛するキャラクターがいる。彼の設定を読んで、もしかしたらあなたは近親相姦《きんしんそうかん》なんて、と嫌悪《けんお》するかもしれない。もしくは、同性愛なんてと感じるかもしれない。その物語が、この色あせない名作のなかでどんなふうに表現されているか確かめてほしい。そしてできうることなら気づいてほしいなあと思う。ただ愛するだけではだれも傷つかないということを。

愛に表現と行動が伴うとき、愛は種類分けされ、ときには批判の対象になる。でも、ただ心の中で想《おも》うことは自由だ。私は作家で、何冊か小説を上梓《じょうし》しているが、かつて同様のシーンで「心とは、決してだれにも線を引かれることはない、たったひとつの自分の領土である」と表現したことがある。想うことは自由だ。自分の自由を侵《おか》されないということは、他人の自由を侵さないということだ。そしてこの『摩利と新吾』では、さまざまな愛情を行動にしようとして、苦しみもがく人々が出てくる。それと同じぶんだけ、決して行動せず自分の自由を守り続けた人々の愛情のありようを見ることができる。

恋愛感情ってなんだろう？　相手のことが好きでも、その好きは人によってどうして違うのだろう。セックスできるのが恋愛で、できないのが愛情だという決まりなんてないのだ。で、あるならば摩利と新吾の間にあるまぎれもなく強くたしかな感情はなんなのだろう。それに名前をつけようとすることは本来なら不可能なのだ。彼らは表現しなかったのだから。

『摩利と新吾』はすばらしい漫画だ。長年、たくさんの人に愛されている。どんな読み方をしてももちろんいいのだけれど、大事なことは、だれを愛したっていいし、愛さなくてもいい、それは長い長い人間の歴史の中で、一度だってゆらいだことはなかったこと。けれど、愛し方には制限がある。昔もあるし今もある。それが正しいのか、正しくないのかは、私達がずっと考え、行動し続けていかなくてはならない。愛の種類は無数で、それを感じ想い抱《いだ》くことは自由なのだと知ってほしい。それは、ただただ貴方《あなた》の中に生まれた尊いものである。

高殿円

兵庫県生まれ。2000年に『マグダミリア 三つの星』で第4回角川学園小説大賞奨励賞を受賞しデビュー。2013年『カミングアウト』（徳間文庫）でエキナカ書店大賞を受賞。著書に「トッカン」シリーズ（ハヤカワ文庫）、「カーリー」シリーズ（講談社文庫）、「上流階級　富久丸百貨店外商部」シリーズ（小学館文庫）、『メサイア　警備局特別公安五係』（講談社文庫）、『シャーリー・ホームズと緋色の憂鬱』（ハヤカワ文庫）、『政略結婚』（KADOKAWA）、『ポスドク！』（新潮文庫）など。漫画原作も多数。

14歳の世渡り術

恋《こい》って何ですか？
27人がすすめる恋と愛の本

2019年11月20日　初版印刷
2019年11月30日　初版発行

編　者　河出書房新社

著　者　蒼井ブルー　彩吹真央　新井見枝香　井上芳雄　上野千鶴子
宇垣美里　榎田ユウリ　岡本裕一朗　尾上右近　金原瑞人　木皿泉
北村薫　小池昌代　澤田瞳子　サンキュータツオ　死後くん　清水亮
高殿円　竹輪大学大学院言語学研究室　トミヤマユキコ　長沼毅
七海ひろき　藤井直敬　三浦直之　皆川博子　宮澤伊織
山田ルイ53世

イラスト　ツクダヒナミ
ブックデザイン　高木善彦

発行者　小野寺優
発行所　株式会社河出書房新社
〒151-0051　東京都渋谷区千駄ヶ谷2-32-2
電話　（03）3404-1201（営業）／（03）3404-8611（編集）
http://www.kawade.co.jp/

印　刷　凸版印刷株式会社
製　本　加藤製本株式会社

Printed in Japan
ISBN978-4-309-61718-3